L'IMPUNI

MARIKA MATHIEU

L'IMPUNI

Histoire d'un déni collectif

STUDIOFACT
EDITIONS

Couverture :
Conception graphique : Rémi Pépin
Photographie : © plainpicture / Jean Marmeisse

ISBN : 978-2-494894-10-5

Après tout, pourquoi pas ?

- Vous me demandez ce que je pouvais ressentir une fois l'acte commis sur ces jeunes enfants, rien de particulier. C'est une attitude que j'ai fini par estimer comme normale, et qui n'était pas sujette à me remettre en question. Dans ces moments-là, je ne pensais qu'à moi... Je me disais: après tout, pourquoi pas?

Audition de Joël Le Scouarnec
devant la juge d'instruction,
tribunal de grande instance de Saintes,
30 mai 2017 à 9 h 35.

PROLOGUE

Ce livre n'est pas l'histoire d'un homme, Joël Le Scouarnec, même si ce médecin est à l'origine de la plus importante affaire de pédocriminalité jamais jugée en France. C'est l'histoire de celles et ceux qui ne l'ont pas arrêté et dont les agissements ne feront l'objet d'aucun procès.

Même si les victimes de Joël le Scouarnec se comptent vraisemblablement par centaines, il a agi pendant trente ans sans être inquiété, ou à peine. Il était entouré, admiré, protégé. Des membres de sa famille, de nombreux amis ou collègues « savaient » et n'ont rien fait, ou si peu. Mais cela n'a rien d'extraordinaire. Car c'est normal de passer à côté. Tout le monde le fait. La folle reproduction de la violence sexuelle s'immisce chaque jour au cœur de nos foyers, de nos institutions, et engendre nos complicités tacites : dans nos familles et nos centres de loisirs, dans nos lieux de prière comme sur un plateau de cinéma, dans nos écoles ou dans nos hôpitaux. Selon la CIIVISE[1], 160 000 enfants sont en effet victimes de violences sexuelles chaque année, 5,4 millions de femmes et d'hommes adultes l'ont été dans leur enfance.

Face aux violences sexuelles physiques, l'enquête « Vécu et ressenti en matière de sécurité (VRS) 2022 » évalue que seulement 6 % des victimes portent plainte formellement auprès d'un service de police ou de gendarmerie. Entamer une procédure judiciaire n'augure en rien de ce qui suivra : un rapport sénatorial (2018) indique pour sa part que plus de 73 % des affaires d'agressions sexuelles sur mineurs orientées vers la justice sont classées sans suite. Au terme de cet entonnoir judiciaire, seuls 3 % des mis en cause pour viol sur mineurs sont condamnés, selon les statistiques de la mission interministérielle pour la protection des femmes contre les violences et la lutte contre la traite des êtres humains (2021).

In fine, de l'aveu même des autorités, on estime que moins de 1 % des violences sexuelles entraîne une condamnation en France. Ainsi, et comme l'illustre le journal intime tenu par le chirurgien tout au long de sa vie, les pédocriminels n'ont pas peur, ils peuvent jouir de leur tranquillité jusqu'à l'écœurement. Édouard Durand, l'ancien président de la CIIVISE, arrêté trop tôt dans ses travaux, en propose une explication : « Le problème, c'est qu'on ne les voit

1. Créée en 2020, la Commission indépendante sur l'inceste et les violences sexuelles faites aux enfants (CIIVISE) a permis de recueillir pendant trois ans les témoignages des personnes ayant été victimes de violences sexuelles dans leur enfance en créant un espace inédit d'expression. En novembre 2023, le rapport « Violences sexuelles faites aux enfants : on vous croit » présente la synthèse de ses travaux sur la base d'une réalité chiffrée. Les références bibliographiques sont à retrouver en fin d'ouvrage.

pas ou qu'on fait comme si on ne les avait pas vus. Les violences sexuelles font l'objet d'un déni massif, puissant, ancien, un déni qui a un corollaire immédiat, l'impunité des agresseurs[1]. »

Le dossier Le Scouarnec reflète, par ses proportions dévastatrices et la constitution de centaines de parties civiles, un phénomène social massif. Mais il est d'autant plus essentiel de l'analyser qu'il illustre la face la plus obscure des crimes sexuels : leur impunité. Il constitue à ce titre un laboratoire de réflexion inédit, tant les affaires de cette ampleur sont rares à se voir traduire en justice comme à permettre un travail d'intérêt général sur leurs arcanes. Il illustre de manière paroxystique le phénomène de déni collectif qui entoure les violences sexuelles tout en révélant combien les formes de ce déni sont ambivalentes et variables, aussi complémentaires entre elles que masquées par la particularité des trajectoires individuelles, des statuts et des fonctions de celles et ceux qui « laissent passer ». Le « déni » n'existe pas en tant que tel, il se décline comme autant de perspectives subjectives, de celles qui permettent à une multitude d'individus de vivre aux côtés d'un prédateur, de lui survivre, mais aussi de travailler et de chanter avec lui, de l'aimer comme de le fuir, ou encore de perquisitionner chez lui, de l'interroger avant de le laisser partir, sans plus y penser.

1. Édouard Durand, *160 000 enfants : violences sexuelles et déni social*, Paris, Gallimard, coll. « Tracts », 2024.

Alors pourquoi ? Comment fonctionne ce déni social ? Quelles sont ses différents ressorts ? Comment forgent-ils ensemble le socle de l'impunité ?

Le problème d'un travail sur ce dossier aux dimensions historiques tient cependant à ce qui se répète dans toutes les affaires de cette nature. *Ça ne se raconte pas*. Ceux qui « savaient » ne veulent pas en parler et sont encore pour certains plongés dans le refus d'une quelconque analyse. Personne n'assume spontanément sa manière de « faire avec » le viol des enfants. Je ne peux ni ne veux forcer aucun des protagonistes identifiés dans cette affaire, encore moins imposer aux victimes qui acceptent de s'exprimer le devoir d'incarner seules un récit dont on ne prend la mesure que marginalement.

Comment rendre compte alors d'un déni collectif qui revêt maintes formes puisqu'il englobe à la fois le cercle familial, amical, et professionnel ? Comment transcrire l'indicible ? Ce qui – par définition – ne veut pas être formulé ?

J'ai décidé de faire de cette difficulté – majeure – l'objet même de ce livre : reconstituer la parole impossible des « témoins », remonter aux origines de leur silence, en chercher les interprétations possibles et surtout, nécessaires. Je me suis appuyée pour y parvenir sur la méthodologie du « troisième continent » tel que défini par Ivan Jablonka[1], qui permet de concilier enquête, création littéraire et état

1. Ivan Jablonka, *Le Troisième continent ou la littérature du réel*, Paris, Seuil, 2024.

des savoirs des sciences sociales sur les violences sexuelles. Mon ouvrage est ainsi le fruit d'une recherche documentaire – mêlant les entretiens menés auprès de certains témoins de cette affaire à l'analyse méthodique du dossier judiciaire. Face à un enchaînement précis d'événements, ce travail a permis de reconstituer le parcours de plusieurs individus « clés » et ce, malgré le refus de ces derniers de répondre à mes sollicitations.

J'ai par la suite cherché à éclairer un cheminement psychologique probable pour chacun de ces « personnages » – étant donc établi qu'ils ne participeraient pas volontairement à mon analyse et ne sont donc aucunement responsables de mon interprétation – en me fondant sur les connaissances scientifiques (Dorothée Dussy, Muriel Salmona, Iris Brey, Juliet Drouar, Éric Fassin) et les études disponibles sur le thème des violences sexuelles. En premier lieu, je me suis appuyée sur le remarquable et colossal travail de la Commission indépendante sur l'inceste et les violences sexuelles faites aux enfants (CIIVISE). J'ai complété le recoupement minutieux des faits et indices sur le comportement de chaque personnage par les théories disponibles sur le déni collectif et individuel en psychologie sociale et en sociologie clinique auxquelles j'ai été formée. Ces apports théoriques m'ont aidée à combler « le manque » d'explications verbales des uns et des autres sur le sens et les raisons de leurs attitudes vis-à-vis des agissements de Joël Le Scouarnec. **Ce travail d'ordre intellectuel ne doit pas être confondu avec les témoignages bruts purement factuels que pourraient avoir livrés les intéressés. J'ai donc anonymisé – en modifiant**

leurs noms et prénoms – l'ensemble des protagonistes qui évoluent autour du criminel de manière à bien faire comprendre qu'il s'agit, au travers d'eux, d'une recherche sur le collectif et non sur leur singularité. Monique, Marie-Claire, André, Audrey, Marianne, Nicole, Gaël ou Elsa sont donc des personnages à part entière, inspirés de bout en bout par le réel. Les «pensées» de chacun sont imaginées sur la base des événements mis en lumière par le dossier judiciaire, comme une manière de «combler» ce qui manque en assumant qu'il s'agit d'une manière – la plus rigoureuse possible – de faire face à ce manque. Il y a ainsi une épouse, une sœur, un père, un ami, une nièce, des collègues, quelques supérieurs hiérarchiques mais aussi des autorités judiciaires. Ils «pensent» dans ce livre comme je crois qu'ils pensent. J'assume ainsi entièrement – comme n'importe quel·le auteur·ice – que la reconstitution des comportements et du parcours psychologique des personnages ou de certaines scènes mobilisant les émotions particulières que je leur prête relève de ma propre interprétation et du récit subjectif que j'ai choisi d'en faire.

Il ne s'agit donc pas d'identifier qui que ce soit, mais de poser, au travers de chacun d'entre eux, considérés ici comme des profils-types, les questions permettant de cerner comment fonctionne le déni collectif face aux violences sexuelles. Ils ne peuvent se comprendre que liés les uns aux autres, la trajectoire de chaque personnage se révélant par le prisme de ses recoupements avec « d'autres vies que la sienne», mais aussi pris chacun dans un contexte économique et social précis, de manière à éclairer les effets de domination et d'emprise qui existent entre eux.

Par exemple, dans le cas du personnage de la sœur de Joël Le Scouarnec, «Monique», les faits récoltés dans mon enquête m'ont permis de montrer qu'elle était bien au courant des penchants et passages à l'acte de son frère, y compris sur ses propres filles. Mais les documents recueillis comme les témoignages de ses proches s'accordent à dire qu'elle est encore aujourd'hui incapable d'expliquer pourquoi elle n'a pas porté plainte malgré la demande répétée de ses filles. Ils m'ont vivement conseillé de ne pas la contacter et j'ai respecté cette mise en garde. Je n'ai pas sollicité «Monique» car mon but est d'interroger le sens probable de son «incapacité», et non de la modifier par mon enquête. En m'appuyant sur des théories en sciences humaines et sociales, et sur d'autres profils psychologiques similaires à celui de Monique que j'ai pu croiser dans mes enquêtes précédentes, j'ai imaginé ce qu'ont peut-être été les raisons de son déni comme de son refus actuel de s'exprimer. Mais je n'ai aucune certitude. J'ai également souhaité en tant qu'autrice que son personnage – qui n'est donc pas elle – soit incarné dans le réel et non «désossé» comme il l'aurait été dans le cadre d'une étude purement scientifique. Je lui ai donc attribué certains goûts – par exemple littéraires – de manière non seulement à faire vivre une «personnalité», mais également pour évoquer combien celle-ci peut être mobilisée dans le processus de déni. Pour montrer comment certaines histoires ou images en recouvrent d'autres, dans le cours naturel de nos pensées. Il n'y a donc rien de gratuit, pas même dans la description parfois précise de certains « états », seulement des hypothèses illustrant les cheminements probables d'une psyché.

L'Impuni ne vise ainsi personne car il nous concerne toutes et tous. Comme toute reconstitution, ce livre ne prétend pas détenir la vérité, encore moins accuser qui que ce soit, d'autant moins quand il s'agit de parcourir trente ans de vie et de souvenirs enfouis. Il tente de comprendre et de mettre des mots sur ce qui ne parle pas, en révélant la face cachée d'une affaire dont les proportions extraordinaires permettent de saisir la dimension au contraire terriblement ordinaire du déni face aux violences sexuelles. Il souhaite soulever des questions qui permettront peut-être de comprendre comment *ça* arrive, pourquoi les lois ne sont pas appliquées, mais surtout pourquoi nous continuons ensemble à nourrir l'impunité au lieu de nous dresser contre elle.

L'Impuni est le fruit d'une enquête non pas imaginaire, mais dans l'imaginaire : sur tout ce qui nous échappe face à la déferlante, et où se tient pourtant l'espoir de notre insurrection.

AVERTISSEMENT

Joël Le Scouarnec a été jugé une première fois concernant quatre victimes et a été condamné à quinze ans de prison par le tribunal de Saintes le 3 décembre 2020, pour viols et agressions sexuelles sur mineurs de moins de 15 ans. Après avoir interjeté appel, il s'en est désisté. Cette décision est désormais définitive. Il fait l'objet d'une seconde procédure dans laquelle seront jugées 299 agressions sexuelles et viols présumés en 2025 devant la cour criminelle du Morbihan. Il bénéficie à ce titre de la présomption d'innocence.

LA TEMPÊTE

Petit nuage, effilé, solitaire,
Dans un ciel bleu et d'allure bon enfant.
Marin, veille au grain blanc.

Proverbe breton

HIVER 2017

Vendredi 3 février 2017

[ALERTE ROUGE VENTS VIOLENTS]

La préfecture de Charente-Maritime engage chacun à la vigilance. Météo-France annonce une alerte météorologique de niveau ROUGE à compter de samedi 4 février, 5 heures du matin, pour des vents violents pouvant atteindre localement 150 km/h en Charente-Maritime.
Ces vents peuvent endommager les toitures et cheminées et provoquer la chute de branches d'arbre. Des dégâts nombreux et importants sont possibles sur les habitations, les parcs et plantations. Les massifs forestiers peuvent être fortement touchés. Des coupures d'électricité et de téléphone peuvent affecter les réseaux de distribution pendant des durées très importantes.
La circulation routière peut être rendue très difficile sur l'ensemble du réseau. Les transports aériens, ferroviaires et maritimes peuvent être sérieusement affectés. Les différents ponts du département pourront faire l'objet d'une fermeture temporaire.
Plus d'infos sur le site de Météo-France : http://vigilance.meteofrance.com

Elvire[1] termine sa journée au bloc. Sa dernière opération s'est bien déroulée, une appendicectomie classique, menée sans encombre par le docteur Le Scouarnec. Le patient est un garçon de 12 ans, le chirurgien est content de son travail, il entonne à pleine voix «La Vie en rose». Elvire sourit. Elle va tout juste avoir le temps de faire ses courses pour le week-end, il ne sera peut-être pas évident de sortir les jours prochains.

Dimanche 5 février 2017

La météo ne s'est pas trompée, la cité médiévale de Jonzac est battue par des vents violents, son château pris dans l'assaut de gigantesques orages. Elvire est d'astreinte ce week-end, elle espère qu'il n'y aura pas d'urgence au bloc et surtout, pas de coupures d'électricité. Par ce temps, un accident est vite arrivé. Ses trois garçons enfermés à la maison l'occupent avec leurs bagarres incessantes, mais si le téléphone sonne, elle partira sans attendre pour l'hôpital. Une vague inquiétude l'étreint alors qu'elle se tient prête, tout en réparant un ballon de foot crevé.

Après vingt-cinq ans de bloc, elle connaît pourtant par cœur ce sentiment de vivre en deux lieux en même temps. Toujours un peu à l'hôpital, même le dos courbé sur les devoirs de ses enfants. Elvire a commencé jeune et n'a connu que ça, la routine mais aussi l'adrénaline qui remonte chaque matin à 7 heures, quand elle enfile sa

1. Elvire est un personnage fictif inspiré par plusieurs entretiens menés avec d'anciennes collègues de Joël Le Scouarnec.

tenue blanche, puis bleue, coiffe sur les cheveux, masque sur le visage, le long couloir aux murs roses jusqu'au bloc, l'espace central entre les trois salles d'opération, le grand tableau nacré où sont indiquées aux marqueurs vert et rouge les interventions du jour. Du lundi au vendredi, Elvire y découvre le chirurgien qu'elle assistera, à quelle heure, sur quel patient, jusqu'au soir.

Avant qu'elle n'y mette un pied pour la première fois, cet univers du bloc la terrifiait, elle imaginait les corps endormis défiler, vulnérables et silencieux, reliés à des machines bruyantes dont les oscillations ne matérialisaient que trop bien la fragilité des êtres. Un monde plus tout à fait humain, rempli d'un vide comme celui qui fait écho à la voix dans les vieilles chapelles désertées où sa grand-mère l'entraînait enfant. Elle préférait d'ailleurs largement sa première affectation en gériatrie, le soin des petites dames aux mains ridées, les conversations d'un ton badin, comme si « l'après » se tenait encore loin. C'est un remplacement qui l'a obligée à franchir la ligne. Elle s'est alors aventurée dans l'étrange ballet du bloc. Tremblante au départ, mais après quelques jours de répétitions, elle ne pouvait déjà plus s'en défaire, intégrée comme dans une famille dont on apprend à connaître chacun des membres pour ne former qu'un seul corps. Car le travail au bloc représente l'acquisition d'un savoir aussi technique que sensoriel. Les mains de plusieurs se mêlent dans les entrailles d'un inconnu, le geste de l'un provoque celui de l'autre, un coup d'œil suffit pour indiquer parfois la marche à suivre... Elvire y voit une sorte de pacte tacite au service du patient, scellé dans sa propre chair de soignante, si bien qu'elle ne se rend pas compte de la performance. Elle ne réfléchit pas à ce qu'il faut pour tenir la pression, debout huit ou dix heures sans pause, pour maintenir sa vigilance intacte, rester calme quand les choses tournent mal et le lendemain recommencer, sans peur. La concentration exigée et le sentiment de responsabilité se révèlent si tenaces qu'ils s'effacent à peine quand vient la nuit. L'état du matériel, le petit défaut à corriger, le risque d'erreur…

Elvire observe depuis la fenêtre de son pavillon la campagne retournée. Son mari revient avec du pain, son anorak dégoulinant alors qu'il fait irruption dans la cuisine : « Le toit du gymnase s'est envolé ! »

Lundi 6 février 2017
7 h 10, hôpital de Jonzac

Elvire découvre qu'elle travaille ce matin en chirurgie digestive. Elle salue les brancardiers qui lui confient leur premier patient. Le docteur Le Scouarnec est appelé ; c'est à ce moment seulement qu'il quitte son domicile, situé à quelques mètres de l'hôpital. Elvire ne s'inquiète pas outre mesure de cette manie qu'il a de rester chez lui le plus longtemps possible, il répond toujours et se présente à l'heure pile.

La salle est prête. Avec l'aide-soignante, Elvire installe une patiente de 61 ans sur la table. Le docteur Buot, l'anesthésiste, arrive pour l'endormir. Les champs de l'intervention sont posés, les instruments agencés comme le souhaite le docteur Le Scouarnec. Celui-ci apprécie la routine. « Il est là », indique d'ailleurs

Pascale[1], infirmière de bloc, en entrant à son tour dans la salle. « Je l'ai senti ! » poursuit-elle avec un clin d'œil à Elvire. « Une odeur de cave pourrie ! » détaille Pascale dans le dos du vieux chirurgien, « mélange de sueur et de poussière ». « Une eau de solitaire », considère pour sa part Elvire, répondant au jeu proposé par Pascale : « Et s'il était un parfum ? »

Car Elvire l'aime bien, ce docteur au crâne dégarni qu'elle accompagne au bloc depuis bientôt dix ans. Mais c'est vrai qu'il sent mauvais, même sous sa blouse aseptisée. Elle l'a pourtant plusieurs fois entendu évoquer sa femme et ses trois garçons, peut-être même des petits-enfants, bien qu'elle ait compris qu'il vivait seul à Jonzac. Cette solitude touche le cœur d'Elvire. Au gré des rares confidences du chirurgien, elle se le représente enfant, lorsqu'il préférait lire plutôt que jouer dans la cour de récréation, issu d'une famille avec des origines modestes et la volonté de réussir. Un peu comme chez elle, où Elvire fut la première femme à obtenir le bac… Elle se rappelle les larmes de ses parents quand son frère l'a eu aussi, alors en imaginant ce que cela aurait donné s'il était devenu chirurgien – Elvire n'envisage pas qu'elle-même aurait pu embrasser cette voie –, elle n'éprouve que plus d'admiration pour un parcours comme celui du docteur Le Scouarnec. Elle aurait presque envie de le dorloter, quand elle le voit pendre au vestiaire son chandail élimé, puant celui qui ne sait pas faire de machines. Il dit faire ses courses chez Lidl, acheter

1. Pascale est un personnage fictif inspiré par plusieurs entretiens menés avec d'anciennes collègues de Joël Le Scouarnec.

toujours la même chose : des carottes râpées, du taboulé et des yaourts. « Et les fruits, docteur Le Scouarnec, vous allez manquer de vitamines ! » le rabrouent ses infirmières. « Mais ils sont dans les yaourts, mesdames », rétorque le chirurgien.

L'intervention se déroule bien. Comme d'habitude, le docteur Le Scouarnec a évité d'utiliser la cœlioscopie. Il reste adepte de la petite couture et ses mains fourragent minutieusement au fond du ventre de la patiente. Quand soudain, il bloque. « Mince, ça recommence. » Ses doigts tétanisent. Il se recule d'un mètre, secoue ses bras, détend une à une ses articulations. « Ça va mieux, on reprend. » « Vous devriez manger de vraies bananes », lui glisse Elvire. Une heure plus tard, il entame les sutures, les quatre autour de la table peuvent se détendre. Ils évoquent la tempête des jours passés : les dégâts sont lourds dans la vieille ville, l'électricité coupée par endroits, il paraît qu'une femme est morte, à Nantes. Pascale a désormais une piscine naturelle dans son jardin ; Elvire se demande quand le gymnase pourra ouvrir à nouveau ; le docteur Buot a regardé des westerns avec sa femme sans prendre garde au temps ; Joël Le Scouarnec doit pour sa part refaire la clôture qui sépare son terrain de celui de ses voisins.

Lui qui parlait jusque-là sans lever les yeux se redresse enfin en souriant et déclare l'opération terminée. Elvire le connaît assez pour savoir qu'il est content de pouvoir rentrer chez lui pour profiter du journal de 13 heures de sa « chère Élise Lucet », qu'il enchaînera – s'il n'est pas rappelé au bloc – avec un épisode de la série *Derrick*, son inspecteur favori. Un vieux garçon, décidément.

* * *

PRINTEMPS 2017

Mardi 25 avril 2017
16 heures, gendarmerie nationale de Jonzac
Elsa Maurin[1] est officier de police judiciaire. Elle a 30 ans, aime son métier et croit en la justice, quitte à susciter de la part de collègues plus aguerris quelques moqueries sur son idéalisme de jeune « bleue ». La journée du 25 avril pour elle est calme, les affaires courantes, pas de gros dossier en cours. Un rapport à finir et elle devrait pouvoir partir comme prévu à 17 heures. Elle sort par la porte arrière fumer une cigarette. Le thermomètre accroché sur le mur indique 14 degrés. Hier, il faisait grand soleil, mais les nuages depuis ce matin saturent le ciel, l'odeur du printemps s'est repliée dans le vert intense des feuillages alentour. À cette période de l'année, elle est toujours traversée par les souvenirs de son adolescence, l'excitation à l'approche des longs week-ends, des vacances, une heure de bus pour rejoindre la mer, plonger dans les vagues hautes. Elsa a les membres las, en demande de mouvement. Après son service, elle hésite entre aller nager aux Antilles, le parc aquatique où elle a ses habitudes d'ancienne championne régionale, ou faire un footing.

1. Elsa Maurin est un personnage fictif inspiré par un des gendarmes ayant travaillé sur l'enquête concernant Joël Le Scouarnec.

Alors qu'elle revient vers son bureau, l'officier posté à l'entrée lui indique qu'une personne vient d'arriver, Mme Linda T., qui souhaite déposer plainte. Elsa peut la prendre ?

La femme a 27 ans, les cheveux longs, elle serre le col de sa veste autour de son cou. « Je ne viens pas pour moi, mais pour ma fille. » Elsa note les informations indispensables au procès-verbal. Noms, adresses, situation familiale, âges et lieux de naissance. Ninon est née en 2010, elle n'a pas encore 7 ans. Ses parents ne sont pas mariés, mais concubins.

À peine Elsa lui indique-t-elle que l'audition peut commencer que la femme se lance, et relate les faits d'une traite[1] :

— Hier soir, vers 18 h 45, alors que ma fille sortait de la douche, elle m'a dit « j'ai vu le zizi du voisin ».

Elsa retranscrit au fur et à mesure, évaluant par de brefs regards l'attitude de Linda, préparant ses questions pour la suite.

— Cela s'est passé samedi en fin d'après-midi. Je sais que le voisin est souvent nu dans son jardin. Je me suis dit qu'elle a peut-être voulu regarder à travers la canisse. Je lui ai demandé si elle s'était penchée pour regarder. Elle m'a dit que non, que c'est le voisin qui lui avait demandé si elle voulait regarder son zizi.

La mère cite les mots de sa fille, la mention des poils, d'un mouvement de la main du voisin, d'un « bout de zizi rouge ». Pour Elsa, ces premières paroles rapportées sont

1. Tous les propos ci-dessous rapportés sont extraits de l'audition de Linda T. à la gendarmerie de Jonzac, mardi 25 avril 2017 à 16 heures.

essentielles à la caractérisation des faits. La mère ajoute et Elsa note : « Il lui a fait *chut* avec le doigt sur la bouche. »

Linda T. s'arrête, l'angoisse figée dans ses yeux. Elsa en profite pour demander calmement :

— Pouvez-vous décrire votre voisin ?

— Il a un rythme de vie spécial, il sort souvent nu chez lui dans son jardin, c'est tout le temps. Il n'est habillé que lorsqu'il prend sa voiture… Je l'ai vu plusieurs fois nu mais je détourne vite le regard. Nos jardins sont séparés par un grillage qui est recouvert d'une canisse. Du coup, quand le voisin est dans le jardin, on voit le haut de son corps nu et le bas est heureusement caché par la canisse. Le problème, c'est qu'il n'y a plus de canisse dans le fond du jardin. Le voisin se serait placé à cet endroit pour voir ma fille.

Elsa trouve les propos de la mère a priori crédibles mais ce n'est que de l'instinct à ce stade. Elle a quelques années d'expérience mais n'a traité encore que peu d'affaires pédocriminelles, juste assez pour voir combien ces enquêtes sont difficiles à conduire, la plupart du temps classées sans suite, par manque de preuves matérielles ou de témoignages solides. Elle a suivi avec d'autant plus d'attention il y a quelques mois une formation d'une journée sur le recueil de la parole des victimes. C'était rapide mais marquant. Il n'y a pas de guide prêt à l'emploi et beaucoup d'avertissements pour ne pas risquer la mise en cause d'un « innocent ». Cela avait provoqué chez elle une certaine appréhension qui ressurgit dans son ventre alors qu'elle continue l'audition de Linda T. Celle-ci révèle avoir elle-même été victime dans son enfance d'abus sexuels de la part d'un proche, raison pour laquelle elle ne doute pas un instant des propos de sa fille. La gendarme constate que cette mère semble revivre son propre cauchemar à travers ce qui arrive à son enfant… Elsa redouble d'attention. C'est important pour comprendre sa réaction, tous les parents ne sont pas aussi fermes dans la prise en charge d'une telle situation… Elle en a même vu s'y refuser. Mais il ne faudrait pas non plus que cela influence le récit de la petite. Il est impératif que la gendarmerie recueille au plus vite les déclarations de l'enfant, dans les conditions appropriées. Elsa poursuit :

— Que savez-vous de plus sur votre voisin ?

— Il serait marié et sa femme vivrait en Bretagne. Il a des enfants et des petits-enfants d'après ce qu'il dit mais je ne les ai jamais vus. Il vivrait seul ici depuis neuf ans. Il a l'air âgé. Je crois qu'il est médecin.

Elsa réalise ce qui est en jeu. La pression monte, elle se répète comme un mantra qu'il lui faut chercher la vérité sans l'influencer. Si les faits sont avérés comme les décrit pour le moment Linda, ça sent l'affaire du vieux pervers qui finira au mieux en correctionnelle avec du sursis. Mais il faut examiner aussi dans quelles conditions vit cette famille, et s'il n'y a pas d'autres faits cachés couverts par cette histoire d'exhibition au fond du jardin. Elsa demande à entendre Ninon dès que possible, ainsi que le père de l'enfant.

Mercredi 26 avril 2017
13 heures, hôpital de Jonzac

Elvire croise Pascale dans le couloir du bloc. Elles ne se sont pas vues de la matinée. Pascale a la mine sombre, ce qui n'est pas souvent le cas.

— Le docteur Le Scouarnec m'est tombé dessus !

— Comment ça ?

— Je ne comprends pas, je n'avais pas disposé les champs comme il voulait, il m'a engueulée comme jamais ! « Mais vous n'avez donc rien appris, Pascale ! C'est effrayant d'être toujours aussi incompétente après tant d'années ! » Je ne sais même plus, je me suis sentie si bête, c'était horrible…

Elvire comprend le choc ressenti par Pascale. Le Scouarnec ne sort jamais de ses gonds, c'est même sa caractéristique, alors qu'il n'est pas rare de vivre au rythme des colères des autres chirurgiens.

— C'est le docteur Baudu qui déteint sur lui, que veux-tu, tu as l'habitude quand c'est lui ! tente-t-elle pour la réconforter.

Les deux femmes se soutiennent depuis longtemps, elles ont appris à dédramatiser ensemble, à tenir le rythme. C'est un petit hôpital de province mais il tourne bien, la chirurgie digestive notamment, avec cet esprit à l'ancienne forgé par son ancien chef de service, le docteur Thérieux. Avec lui, gare aux mots en trop ou manquants, au « bonjour docteur » qui ne serait pas suivi de son nom propre, attention aussi à la blouse en tissu mal repassée alors que partout ailleurs, les blouses jetables sont désormais la norme. Elvire et Pascale ont été modelées par cette ambiance de déférence envers le chef qui conduit ses troupes d'une main ferme, exigeant la vigilance à chaque instant, dans le culte d'un monde sans erreur. Également député, Thérieux a bataillé pour maintenir l'activité hospitalière de Jonzac, personne n'a jamais remis en question son autorité, même en essuyant ses tempêtes un jour sur deux. Le docteur Baudu est de la même trempe, il a pris sa suite après avoir été son bras droit, peut-être un peu moins dur, mais redouté tout de même. Par leur ancienneté, Elvire et Pascale ont appris à faire avec, à précéder ses attentes, à encaisser les reproches. Pascale a même trouvé le moyen de s'en amuser et de le taquiner parfois à son tour. Elvire n'a pas le même aplomb que son amie. Elle préfère Le Scouarnec, ses manières douces, plus pédagogue et patient, toujours poli. Il a beaucoup aidé Pascale, en particulier à trouver sa place au bloc.

— Allez, n'y pense plus, tu es avec qui cette après-midi ?

— En ORL…

— Ce sera tranquille et dès demain, notre gentil papy sera de retour de meilleure humeur.

16 h 30, gendarmerie nationale de Jonzac

Elsa regarde dans les yeux Julien L., le père de Ninon. Elle prend le temps de l'observer, sa manière de s'asseoir, de poser son blouson. On ne sait jamais, « un zizi peut en cacher un autre », comme lui a dit une amie psychologue à qui Elsa a demandé des conseils sur le recueil de la parole des enfants. Elle en avait ri sur le moment, mais plus maintenant[1].

— Mon jardin est clôturé, sauf qu'il y a quelques mois, avec la tempête, un arbre s'est couché sur une partie de la canisse au fond du jardin. Celle-ci ne tient plus bien sur

1. Tous les propos qui suivent sont extraits de l'audition de Julien L. à la gendarmerie de Jonzac, mercredi 26 avril 2017, à 16 h 30.

plusieurs centimètres et se décolle du grillage. On peut donc voir ce qu'il se passe chez le voisin. J'ai parlé avec ce voisin, car je voulais remettre de la canisse, il n'y voyait pas d'inconvénient. Lundi dernier, en rentrant de promenade, j'ai fumé une cigarette dans le jardin et j'ai vu ma fille discuter avec le voisin, qui se trouvait dans son jardin.

— Votre voisin était nu à ce moment-là ?

— Je ne sais pas. J'ai vu ce jour-là que Ninon était bizarre. Un peu plus tard, nous regardions des photos ensemble, elle m'a dit : « Tu sais papa, le voisin il est méchant. » Je lui ai demandé pourquoi. Elle m'a dit : « Surtout tu le jures, tu ne te fâcheras pas. » Je lui ai dit que non. Elle m'a dit : « Le voisin il m'a montré son zizi. »

Julien L. poursuit son récit, mentionne comme sa compagne avant lui les mots et expressions utilisés par sa fille pour décrire ce qu'il s'est passé, « les poils », « le bout rouge », « dur comme du saucisson »… Pour Elsa, cela confirme les principaux éléments mais il faut évaluer le niveau de sexualisation de Ninon, qui pourrait modifier sa perception des faits. Dès que Julien L. s'arrête, Elsa enchaîne :

— Y a-t-il des films pornographiques chez vous ?

— Non. Il y a un code parental sur la télé pour les chaînes pour les adultes mais de toute manière, on n'est pas abonnés à ce genre de chaînes. Je n'ai pas de livres pornographiques chez moi.

— A-t-elle l'habitude de vous voir nu ?

— Jamais. Elle a pu voir son frère quand on le change mais son frère a 3 ans, il n'a pas de poils.

— Votre fille ment-elle parfois ?

— Oui, pour des bêtises, mais on voit vite que ce n'est pas vrai.

— Pensez-vous que votre fille aurait pu mentir ?

— Franchement, je ne vois pas pourquoi elle m'aurait dit cela sur le voisin.

Les réponses de Julien L. sont franches, sa quête de vérité palpable et, Elsa le sait, « le mensonge » d'un enfant n'en est jamais un. C'est infime au niveau statistique, et ça ne passera pas la barre d'une audition en bonne et due forme de l'enfant. Seule l'identité de l'agresseur mis en cause doit poser question.

— Pouvez-vous décrire votre voisin ?

— Il doit avoir bien plus de 50 ans, assez mince, cheveux blancs dégarnis sur le dessus, avec des lunettes. Parfois, il sent l'alcool et paraît sale sur lui. Sa maison et son jardin ne paraissent pas entretenus.

— Que savez-vous de plus sur lui ?

— Il nous a dit qu'il était chirurgien à Jonzac pour les intestins, il lit beaucoup. On ne dirait pas, il ne paraissait pas méchant, il semblait être quelqu'un de bien. Quand il entendait les enfants, ou nous, il se cachait lorsqu'il était tout nu.

Elsa est un peu troublée par le fait que la nudité ou l'odeur d'alcool du voisin n'ait pas interpellé plus tôt le père de famille mais elle commence à cerner, chez lui comme chez Linda T., le sentiment qu'un « médecin » ne peut pas être considéré comme malsain. Au pire, ils avaient l'air de penser que le vieux bougre se laissait aller aux maigres plaisirs de la solitude, comme prendre le soleil autant que possible à poil. Ils ne l'ont apparemment jamais vu en compagnie de qui que ce soit.

— Souhaitez-vous ajouter quelque chose ?

Elsa voit les traits du père s'affaisser, une veine se gonfle sur son front, saillante comme la cicatrice boursouflée d'une coupure.

— J'espère que cela n'est pas vrai. J'en prends un coup dans la gueule, je ne comprends pas, j'ose pas aller dans le jardin, je ne vis plus.

Julien L. se tait, baisse les yeux. Elsa pense qu'il va pleurer mais il se retient et se redresse un peu :

— Ça fait bizarre d'apprendre ça… J'ai été victime d'attouchements à l'âge de 2 ou 3 ans par un voisin à qui mes parents faisaient confiance. Ça a été jugé, il a pris cinq ans ferme. Ma femme aussi a été victime de faits similaires. C'est pour ça que nous voulions protéger notre enfant, et là… Je tombe de haut, je pense que c'est ma faute… C'est ma faute et j'aurais dû le voir avant… J'ai l'impression de ne pas l'avoir protégée.

Elsa est touchée par la détresse de cet homme encore jeune, renvoyé aux blessures de sa propre enfance, coupable de ne pas avoir questionné avant l'attitude de son vieux voisin… Mais elle se ressaisit immédiatement. Elle ne doit rien laisser passer qui pourrait jouer dans une éventuelle manipulation de la vérité. Le père reste un suspect potentiel. Elle lui explique donc qu'elle voudrait maintenant parler à Ninon, et que lui et sa compagne doivent veiller à ne pas l'interroger entre-temps sur les faits.

Vendredi 28 avril 2017
9 heures, gendarmerie nationale de Jonzac

Elsa est un peu anxieuse. Elle a déjà auditionné quelques enfants mais c'est d'autant plus compliqué quand on essaye, comme elle, de bien faire les choses. L'appréhension de passer à côté ou au contraire d'en faire trop la tiraille plus que jamais, entre ce qu'elle ressent comme son devoir mais aussi la pression qui pèse sur les officiers qui recueillent la parole des mineurs. Surtout des plus petits. C'est « l'effet Outreau », disent les anciens de la caserne. Attention avec les enfants ! Mais quand ils évoquent ça, Elsa ne sait jamais si c'est parce qu'eux-mêmes ne croient toujours pas à ces histoires de gosses abusés qui envoient leurs pauvres parents en prison, ou parce qu'ils ont envie que la justice leur donne enfin plus de moyens pour les entendre.

Avec Étienne[1], son collègue et ami, elle vérifie le dispositif vidéo pour l'enregistrement de l'audition de Ninon. Ils vont appliquer la procédure Mélanie : pour créer un contexte porteur et rassurant pour l'enfant mais aussi pour lui éviter d'avoir à répéter plusieurs fois le même récit mettant à vif son traumatisme, le Code pénal a rendu obligatoire l'enregistrement de l'audition d'un mineur victime dans un lieu adapté. La gendarmerie dispose donc d'une salle équipée d'une caméra, et la vidéo permettra d'observer à tête reposée le langage corporel de l'enfant. Elsa vérifie la présence des jouets, dont plusieurs poupées,

1. Étienne est un personnage fictif inspiré de l'un des enquêteurs ayant travaillé sur l'affaire Le Scouarnec.

puis se rend à l'entrée du bâtiment pour attendre la famille.

9 h 55

Ninon entre dans la salle. Étienne reste avec les parents dans une autre pièce d'où ils ne peuvent ni voir ni entendre les propos de leur fille. Elsa observe la petite, celle-ci regarde tout autour d'elle, minuscule sous une frange brune coupée trop court. La gendarme lance l'enregistrement vidéo.

Commencer avec des choses simples pour mettre la fillette en confiance et appréhender la manière dont elle s'exprime. La famille, les loisirs[1].

— Est-ce que tu as des animaux chez toi ?

Ninon fait non de la tête.

— Non. Tu voudrais en avoir un ?

— Oui.

— Tu voudrais avoir quoi ?

— Un cheval, comme ça.

Ninon montre la peluche d'un cheval rose.

— Un tout petit alors ?

— Oui. Comme doudou.

— Comment ça se passe avec papa et maman à la maison ?

— Bien.

— Ça se passe bien. Ils sont gentils ?

— Oui.

1. Tous les propos qui suivent sont extraits des auditions de Ninon L. à la gendarmerie de Jonzac, menées le vendredi 28 avril 2017 à 15 h 05 et le dimanche 14 mai 2017 à 9 h 55.

Ninon n'utilise pas beaucoup de mots, semble distraite, avec des attitudes qui la font paraître plus jeune encore que ses 6 ans. Au bout de quelques minutes, Elsa aborde la question du bien et du mal, essentielle pour déterminer ce que l'enfant considère comme une bêtise, et surtout ce qu'elle peut chercher à masquer par peur d'être grondée.

— Est-ce que tu sais différencier le bien du mal, Ninon ?

— Oui.

— Oui ? Le bien du mal, qu'est-ce qui est bien, qu'est-ce qui est mal ? Est-ce que tu fais la différence ?

— Euh nan, euh si.

— Est-ce que tu peux me dire quelque chose qui est bien, par exemple ?

— Bah, les animaux.

— Oui, ça, c'est bien. Faire un câlin à sa maman, est-ce que c'est bien ou c'est mal ?

— C'est bien.

— Ah. Et qu'est-ce qui serait mal pour toi, alors ?

— Quoi ?

— Qu'est-ce qui n'est pas bien ?

— Pas bien ? Euh… Me faire un bisou dans ma bouche.

— Ça, ce n'est pas bien ?

— Oui.

Il n'est pas étonnant que des parents eux-mêmes victimes de violences sexuelles aient clairement tracé la ligne de ce qui est « mal » au niveau des risques d'attouchements. Elsa sait aussi que l'audition ne doit pas excéder une trentaine de minutes afin de maintenir l'attention de la petite fille. Il faut avancer sans exercer la moindre pression sur ses réponses. Elsa en vient aux faits.

— Tu sais pourquoi tu es venue me voir à la gendarmerie ?

— Oui.

— Est-ce que tu peux me dire ce que tu as dit à papa et maman ?

— J'ai dit que monsieur, il a montré son zizi.

— Le monsieur, il a montré son zizi ?

— Oui.

— Lequel monsieur ?

— Le monsieur d'à côté de nous.

— Le monsieur à côté de toi, le voisin ?

— Oui.

— Et il ressemble à quoi, ce voisin ?

— Il ressemble à un vieux.

— Un vieux ?

— Oui.

— Il a des cheveux ?

— Euh, il a que des cheveux dans le bord.

Ninon montre le tour de sa tête avec la main. Elle attrape un poupon, joue avec, sans regarder Elsa.

— Il se trouvait où, le monsieur ?

— Bah… tout au fond.

— Au fond du jardin ?

— Oui.

— À côté de toi, mais de l'autre côté du grillage ?

Ninon fait oui de la tête, reprend :

— Où qu'il n'y a pas le truc marron et vert…

— Oui, où il n'y a pas la canisse, la séparation, c'est ça ?

— Oui…

— La séparation qui sert à cacher, OK. Et il était comment ce monsieur, il était habillé ou déshabillé ?

— Avant il était habillé, mais après il était tout déshabillé.

Elsa avance, prudente. Ne rien suggérer. Elle propose à Ninon de raconter ce qu'il s'est passé en utilisant le poupon « comme elle veut ».

— Il a touché quoi ?

— Mon zizi et ma culotte.

— Tu peux me montrer sur la poupée ? Tu peux la déshabiller…

— Elle a pas de culotte !

Elsa rit de l'étonnement de la fillette face à l'impudeur du poupon.

— Tu peux la déshabiller, vas-y.

Ninon tire sur la robe pour la retirer.

— Alors, tu peux me montrer ce qu'il t'a touché ?

Ninon fait tourner la poupée dans tous les sens.

— Vas-y, montre-moi où il t'a touchée ?

Ninon met le bébé debout, et montre son sexe.

— Là.

Elsa s'inquiète que ce que désigne la fillette ne soit pas correctement filmé.

— Tourne un peu le poupon pour qu'on le voie ici, montre-moi à nouveau s'il te plaît.

Ninon tourne le poupon vers Elsa et désigne son entrejambe. Elsa sait que ses gestes sont cruciaux pour la suite de la procédure et qu'il sera important dans le transcript de l'audition d'utiliser les « vrais mots », de bien noter « sexe » par exemple comme la partie montrée par l'enfant. Autrement, un avocat de la défense a vite fait de jouer la carte du doute. Elle prend le temps de préciser encore. Elle reproduit le geste de la petite sur le poupon.

— Ici ?

— Non, lui, il a touché juste dedans.

— Juste dedans ?

— Le monsieur il a fait comme ça.

Ninon montre l'action d'enfoncer quelque chose dans le sexe de la poupée.

Elsa doit encore obtenir des précisions : comment le monsieur est passé par-dessus le grillage, ce qu'il a dit, quels gestes, quels doigts, sur quelles parties du corps, ce que la petite a fait, à quel moment, dans quel ordre… Ninon a du mal à rester concentrée, Elsa le sent mais parvient au bout de ses questions. La gendarme a pris garde à ne pas sourire tout le temps de l'évocation des faits mais elle se permet maintenant de regarder Ninon avec des yeux rieurs, obligeant son corps à se détendre pour aider l'enfant à relâcher la pression elle aussi.

— Comment tu te sens ?

— Bien.

— On a tout dit ?

— Oui.

— Alors, c'est fini !

11 h 22

L'audition de Ninon est terminée. À peine la petite fille repartie avec ses parents, Elsa vérifie l'enregistrement et s'attelle à sa retranscription.

Samedi 29 avril 2017

Elsa a retrouvé rapidement le voisin décrit parmi les praticiens du service de chirurgie de Jonzac. Elle reçoit maintenant les réponses à ses premières investigations, à commencer par celles sur son casier judiciaire. Bingo : condamné en 2005 pour recel et détention d'images à caractère pédopornographique. Quatre mois avec sursis et une tape dans le dos. Son profil est désormais plus que compatible avec l'agression sexuelle décrite et dont la caractérisation pourrait passer à celle d'un viol. Elsa n'aime toujours pas cette histoire, mais le bonhomme devrait avoir plus de mal cette fois à s'en sortir avec les amabilités du juge. Même si on ne sait jamais. L'expertise gynécologique de Ninon sera déterminante, les preuves matérielles dans ces affaires sont aussi rares que cruciales.

En fin d'après-midi, avec le chef d'escadron, elle fait le point sur le dossier. Il prend un air vaguement ennuyé, une moue suivie d'un reniflement, en découvrant le profil du mis en cause. Puis déclare :

— Bon. On a ce qu'il faut. Perquiz' et garde à vue.

Mardi 2 mai 2017
8 h 30

Elsa va conduire la perquisition[1], avec son collègue Étienne, dans une rue étroite et pavée du centre de Jonzac. Elle considère devant elle une petite maison mitoyenne, beige aux volets gris et clos, une porte d'entrée qui ressemble à celle d'un ascenseur, une lanterne dans le style ancien arrimée au mur pour éclairer de nuit le numéro « 34 ».

1. Tous les éléments factuels qui suivent sont issus de l'analyse du procès-verbal de la perquisition menée au domicile de Joël Le Scouarnec le 2 mai 2017 à 8 h 30.

Rien de particulier, la banalité incarnée, on croirait juste le lieu inhabité. Elle sonne puis tambourine trois fois.

— Gendarmerie nationale !

Un homme vient rapidement ouvrir, lunettes de vue sur le nez. Elsa revoit Ninon faire le tour de sa tête avec son doigt pour indiquer sa calvitie.

— Joël Le Scouarnec ?

— Oui, que puis-je faire pour vous ?

— Vous êtes seul ?

— Oui.

— Sur ordre du magistrat du parquet, vous êtes placé en garde à vue, votre domicile va être perquisitionné. Êtes-vous d'accord ?

Elsa tend à Joël Le Scouarnec le document qu'il doit signer pour autoriser les fouilles. C'est la procédure d'enquête préliminaire. Joël Le Scouarnec est calme, parcourt des yeux le texte de loi, attrape le stylo qu'Étienne lui tend, puis signe.

Tout ça est très poli, comme l'entrée, plutôt propre et rangée, une vague odeur de moisi, un portemanteau avec un imper posé dessus, une table en bois où reposent deux trousseaux de clés. Elsa avance dans le couloir, ouvre la première porte à gauche et pénètre dans une pièce plongée dans l'obscurité des volets clos. L'odeur cette fois la percute. Une humidité poisseuse, pleine de poussière et de relents âcres, possiblement de la pisse, peut-être des excréments. Ça promet, pense-t-elle. Elsa tâtonne de la main sur le mur sans trouver d'interrupteur. Elle se dirige en trois grands pas vers la première fenêtre dont elle ouvre les volets. L'air et la lumière de mai s'engouffrent, elle se retourne et sursaute : deux yeux vides et froids la fixent. Elle est soulagée autant que dégoûtée de voir qu'il s'agit d'une poupée, de la taille d'une enfant de 5 ans, déshabillée, avec des organes génitaux visibles, une perruque blonde froissée sur le front. Elle est assise sur un canapé marronnasse et creusé par endroits, un drap et un oreiller tassés dans un coin, les deux saturés de sueur. Peut-être le docteur dort-il ici ? Dans l'angle formé avec l'accoudoir, Elsa discerne ce qui ressemble à un godemiché. Autour, elle recense un buffet rustique et poussiéreux, une télé et une chaîne Hi-Fi posées dessus, une étagère de CDs et une grande bibliothèque en désordre, un piano, des pots de yaourt vides. La crasse stagne ici et là, le sol en carrelage beige ressemble à une peau de léopard.

Elsa se rapproche d'une table ronde entourée de quatre chaises en bois, sur laquelle elle a repéré un écran relié à une tour, qui semble en veille. Elle montre l'appareil à Étienne qui s'installe devant sans un mot, puis demande à Joël Le Scouarnec de s'asseoir aux côtés de son collègue, afin de suivre la procédure. Pendant la perquisition, les gendarmes ne sont en effet autorisés à travailler que sur les systèmes dits « vivants », c'est-à-dire les ordinateurs, tablettes ou téléphones portables allumés lors de leur arrivée, et seulement si l'occupant des lieux est présent.

Le Scouarnec indique qu'il n'y a aucun système de protection de session ou du démarrage, ni logiciel de nettoyage ou de chiffrement. Tout est donc accessible, il suffit de cliquer. Étienne s'y emploie et constate une session ouverte sous le système Windows. Une photographie s'affiche d'emblée, une mise en scène dans laquelle le docteur trône nu, en érection, avec une poupée en arrière-plan. Étienne jette un coup d'œil à Elsa, note la référence du fichier, le referme. Il commence une première analyse du contenu accessible.

Étienne est au clavier, Elsa derrière lui, Le Scouarnec est assis sur une troisième chaise, légèrement de biais par rapport à eux. Si les logiciels téléchargés sont classiques et grand public, l'historique des pages web consultées leur saute bientôt aux yeux. Il contient plus de vingt et un mille deux cents lignes. Apparemment, le médecin y passe du temps mais ne voit pas l'intérêt d'effacer la trace de ses navigations. Impossible de procéder à des vérifications complètes sur place, Elsa décide donc de se concentrer sur la journée du 22 avril, jour de l'agression présumée de Ninon. Il y en a plus de mille, une très grande partie correspondant à des téléchargements de fichiers depuis le web vers un disque dur nommé « K:/». Ces liens renvoient à des serveurs spécialisés dans la conservation d'images, basés à l'étranger. Il ne s'avère pas très compliqué d'y accéder, en créant un compte gratuit, pour y partager du contenu ou en télécharger. Les pseudonymes enregistrés sur ces comptes sont « REDBLUE135 » et « PATRICKISBACK20 ». Un site basé en Russie, « imgsrc.ru », revient en particulier, axé sur le nudisme. La majorité des autres liens conduisent vers des sites « disparus ». Étienne égrène la liste des liens et finit par en trouver deux où il est clairement indiqué qu'ils ont été fermés suite à la publication de pornographie infantile.

Il poursuit les investigations. Il sait qu'il faut en obtenir le plus possible avant de conduire la première audition de garde à vue. Elsa ressent son malaise mais aussi sa détermination, le dégoût qui monte dans cette ambiance pesante, face à cet homme placide malgré la révélation de ce que contient son ordinateur. Il a l'air absent, à la limite de l'indifférence. Sur un autre site russe et grâce au pseudo « PATRICKISBACK », Étienne obtient enfin la preuve du type de fichiers visionnés puis téléchargés : des dizaines de photos de préadolescents nus, des garçons comme des filles, dans un camp de naturistes. Les deux enquêteurs ressentent d'abord un soulagement d'avoir pu mettre la main sur ces preuves directes d'infraction. Juste avant la nausée. Elsa contracte ses entrailles, se redresse et, à l'adresse d'Étienne :

— C'est bon, je te laisse finir, je vais voir ce que ça donne dans les autres pièces.

Deux autres collègues sont à pied d'œuvre. Elsa les prévient :

— On a plusieurs périphériques branchés dans le salon et six disques durs externes connectés à la tour PC, Étienne est encore dessus mais ensuite on les embarque.

Elle consigne les pièces rassemblées. Plusieurs poupées et poupons, des perruques, des godemichés, tous scellés minutieusement. Plusieurs ordinateurs, clés USB et encore d'autres disques durs, certains retrouvés dissimulés sous le matelas crasseux et sans draps de la chambre. Qu'est-ce le type a bien pu stocker là-dedans ? Bien que balayée par les fenêtres ouvertes, l'odeur demeure, assaillant encore les enquêteurs de vagues nauséabondes. Elsa expire plus longtemps qu'elle n'inspire, avec cette impression de progresser désormais sous terre. Comment un homme, médecin le jour, peut-il se laisser aller de la sorte ?

10 h 50

Les gendarmes regagnent leurs véhicules. Joël Le Scouarnec est embarqué dans le fourgon des collègues, Étienne rejoint Elsa dans une seconde voiture.

— La vieillesse est un naufrage, non ?

Plus la situation est difficile, plus Étienne se plaît à la tourner en dérision, ce qu'Elsa ne parvient pas à faire aussi facilement.

Mercredi 3 mai 2017

7 h 45

Dans sa voiture, Elsa écoute les infos : « Macron-Le Pen à l'heure du débat… Le second tour des présidentielles est pour dimanche… Emmanuel Macron est en tête des sondages, mais sans enthousiasme… Ce soir, rendez-vous à 21 heures… Tempête sous les crânes des abstentionnistes… » Elsa n'a qu'une oreille, elle a mal dormi et se prépare aux auditions de Joël Le Scouarnec pour sa deuxième journée de garde à vue. « Les enseignants français sont mal payés… Aujourd'hui, on fête les Philippe. »

— Très bien, mais moi, je vais plutôt fêter les Joël, grommelle Elsa.

Il n'a presque rien lâché la veille. Il reconnaît les consultations internet de fichiers pédopornographiques, « par habitude », mais pas seulement de ce type, il y aurait du porno en tous genres, gay, scato ou zoophile, puisqu'il déclare ne pas « réfléchir » à leur violence. Il répète que non, il n'a pas agressé Ninon, qu'elle ment.

Mais il suffit parfois d'une nuit derrière les barreaux pour déclencher des aveux. Elsa prend le virage de l'entrée de la caserne et gare sa Twingo.

9 h 15

Joël Le Scouarnec est assis en face d'elle[1].

— Par rapport aux faits que nous avons évoqués hier, avez-vous quelque chose à ajouter ?

— Oui, j'étais allongé en short dans mon jardin et j'ai entendu la petite Ninon. Quand je suis allé vérifier l'arbuste au fond du jardin qui est plein de pucerons et que je voulais traiter, Ninon était assise sur un fauteuil de l'autre côté du grillage. Elle m'a chanté une ou deux chansons et m'a demandé de l'accompagner, puis, tandis que j'étais debout, j'ai baissé mon short et je lui ai montré mes fesses. J'ai remonté mon short, je me suis retourné vers elle et je l'ai nouveau baissé quelques secondes. Elle n'a pas détourné les yeux. Nous avons continué à chanter, à échanger quelques mots, et tandis qu'elle était toujours assise, je lui ai demandé de me montrer sa culotte, ce qu'elle a fait, puis de baisser sa culotte, ce qu'elle a fait aussi spontanément. Ça n'a duré que quelques secondes et je ne me souviens de rien d'autre.

Il reconnaît enfin a minima les faits. Elsa note que le médecin estime l'agression comme la conséquence des

1. Tous les propos rapportés sont issus du procès-verbal de la garde à vue de Joël Le Scouarnec conduite à la gendarmerie de Jonzac les 2 et 3 mai 2017.

incitations venues de la victime, qui « ne baisse pas les yeux », ou encore qui se découvre « spontanément ». La gendarme tente d'aller plus loin, mais Le Scouarnec n'a plus qu'une réponse : « Je ne me souviens de rien d'autre. »

— C'est un acte que vous avez déjà commis par le passé ?

— Non, c'est la première fois.

Trois auditions s'enchaînent dans la journée. Lors de la dernière, à 18 h 50, Le Scouarnec admet avoir mis son « doigt dans la bouche » de l'enfant. Rien de plus, à l'entendre, un petit jeu sans conséquence qui ne mérite pas de s'appesantir. Elsa a du mal à contenir son agacement, le relance une dernière fois : n'a-t-il aucune conscience de ce que même un doigt dans la bouche signifie pour une enfant de 6 ans ?

— J'ai conscience de la gravité du geste que j'ai accompli. Proposer son doigt dans la bouche d'un enfant, c'est une pénétration. C'est un viol. Je ne sais pas pourquoi j'ai fait ça. C'est ma vérité et si je vous réponds, c'est parce que je souhaite désormais être soigné et mettre tout ça derrière moi.

Elsa sent qu'il ment. Elle sait qu'un homme qui ne reconnaît que les éléments dont la police a déjà les preuves se protège et maîtrise ses droits. Il ne lâche cette histoire de « doigt dans la bouche » que pour minimiser le récit de l'enfant en proposant une autre version de la « pénétration » décrite par Ninon. Il a parfaitement conscience que, sans aveux de sa part, la police n'a que les mots d'une fillette et de ses parents traumatisés, et que c'est lui le maître du jeu. Il a beau appeler à l'aide « pour se soigner », Elsa présume qu'il tente ainsi de la manipuler, de dire ce qu'il faut dire pour contenter les flics, jouer le papy un peu gâteux qu'on va laisser filer avec un brin de pitié.

Elle contemple la liste des scellés de la perquisition. La première analyse des fichiers numériques récoltés a d'ores et déjà montré la présence de dizaines de milliers de fichiers à connotation pédopornographique. Les investigations s'annoncent hors norme, elles vont durer plusieurs semaines. Elle y trouvera des choses, elle en est sûre, mais quoi ?

Elle rédige son rapport de fin de garde à vue. Joël Le Scouarnec va pouvoir être mis en examen pour « viol sur mineur », « exhibition » et « détention de fichiers pédopornographiques ». Il sera dès ce soir conduit à la maison d'arrêt de Saintes. L'enquête sera désormais supervisée par un juge d'instruction.

Jeudi 4 mai 2017

Le rapport de l'examen gynécologique de Ninon est arrivé : « L'hymen comporte une perforation centrale avec deux déchirures complètes à 3 heures et 10 heures, déchirures qui sont récentes et pouvant correspondre à la date des faits décrits. » Elsa frappe du poing sur son bureau : preuve matérielle irréfutable !

Vendredi 19 mai 2017
7 h 10, hôpital de Jonzac

Le nom du docteur Le Scouarnec n'est toujours pas inscrit sur le tableau blanc des affectations du jour. Voilà deux semaines qu'il est absent alors qu'il n'avait jamais manqué une seule garde. Rien ne filtre, personne n'a donné la moindre explication. Il ne peut pas être mort, c'est a minima le genre de choses qu'annonce la direction, même s'il est clair que celle-ci en dit le moins possible sur à peu près tout. Pascale s'approche d'Elvire :

— C'est bizarre à la fin, il ne faudrait pas que ce soient les mœurs.

Le cerveau d'Elvire s'arrête alors que Pascale lui raconte qu'aux urgences, on a vu passer la veille le docteur Le Scouarnec, menotté entre deux gendarmes, en direction de son bureau dont ils ont vidé le contenu.

— Ça ne va pas la tête ! lance-t-elle à sa collègue, espérant qu'elle se taise.

Le docteur Baudu assure toutes les interventions digestives les unes après les autres. Elvire est depuis quelques jours affectée dans la salle dédiée aux interventions ORL, elle croise à peine le chef de service. Sur le tableau, elle découvre qu'elle sera à ses côtés pour une intervention prévue à 15 heures. Il doit forcément savoir ce qu'il se passe… Mais comment oser lui demander ?

Arrive l'intervention prévue avec le docteur Baudu. Elvire installe le patient, les clamps, les champs à portée de main. Contrairement à Joël Le Scouarnec, le docteur Baudu aime les disposer lui-même, il ne faut pas y toucher. Elvire fait le vide, se concentre, suit la chorégraphie pas à pas.

— Voilà, c'est très propre, on va pouvoir refermer.

Elvire sent monter un vague étourdissement et soudain demande :

— Docteur Baudu, avez-vous quelques nouvelles du docteur Le Scouarnec ?

Le chirurgien garde le silence un instant puis, sans lever les yeux :

— Là où il est, il ne risque pas d'en donner.

Il n'est pas mort, ce n'est pas possible. Alors quoi ? Aucune chance de relancer le docteur Baudu, qui évoque déjà son planning du lendemain et les trois réunions qu'il doit encore assurer ce soir.

— C'est bon, je vous laisse, je passerai plus tard vérifier que tout va bien. Merci à toutes.

Elvire ignore pourquoi mais elle pense que quelque chose lui a échappé pendant l'intervention. Elle contemple le patient allongé sur la table, un homme d'une quarantaine d'années dont elle s'effraie soudain de ne même pas connaître le nom. Un inconnu complet dont elle a tenu les intestins sans rien savoir de sa vie, de ses pensées, de ses méfaits peut-être, et à qui elle n'adressera jamais la parole parce que ça ne fait pas partie de son travail. Qui est-il ? Que fera-t-il en sortant de l'hôpital ? Elvire sait combien ces questions sont dangereuses, que les soins doivent être prodigués sans condition, elle ne doit pas penser à ça.

— Tu vois, il est en prison, c'est sûr, lui glisse Pascale.

* * *

AUTOMNE 2017

Samedi 30 septembre 2017

Joël Le Scouarnec est écroué depuis quatre mois. L'été a filé sans qu'Elsa le sente passer, ensevelie dans l'étude d'un dossier qui a peu à peu recouvert ses jours comme ses nuits. En ce matin d'automne, un café froid dans une main, elle examine la synthèse du rapport d'expertise informatique reçu la veille. Il est lourd d'une centaine de pages. Plus de trois cent mille fichiers à caractères pédo, scato ou zoophile sont recensés dans les archives de Le Scouarnec. Le volume est impressionnant, mais Elsa s'en doutait. Depuis juin, elle n'a fait que ça, éplucher ces milliers de photos et vidéos contenues dans les disques durs du prévenu. Elle a reconnu les enfants de la famille, des bébés, notamment une petite fille âgée de seulement quelques mois. Et, oui, il y a aussi des animaux, des excréments. Mais pour cet homme, quelle est la différence entre l'humain et le chien ?

Les heures s'égrènent, la laissant plongée dans l'étude minutieuse de son rapport, à peine interrompue par Étienne qui a posé un sandwich sur le coin de son bureau. Ce dernier n'a pas bougé depuis, il la regarde maintenant piteusement, ses feuilles de salade collées à la cellophane comme dans un scellé. Étienne toque à sa porte :

— Il est tard, rentre chez toi.

Elsa hoche la tête. Elle repasse à son appartement où règne un terrible désordre, enfile un survêt' et part courir, sans direction. Elle se sent sonnée, le crâne en vrac, les nerfs grippés. Elle tente d'y voir clair, mais ça tangue.

Car au fond, si ce n'étaient que des photos ou des vidéos… Elle aurait préféré ne rien découvrir de plus qu'un jardin secret, aussi immonde soit-il, sans autres victimes que Ninon. Mais au début de l'été, elle a commencé la lecture du « journal intime » de Joël Le Scouarnec. Elle n'a d'abord vu qu'une série de fichiers Word parsemés de surlignages fluorescents, classés par année depuis 1993. Mais dès les premiers mots, elle s'est sentie comme pendant la perquisition, glissant vers le fond, attentive au maintien de sa respiration pour endurer des conditions extrêmes. Sur des pages et des pages, jour après jour, parfois heure par heure, il décrit sa vie, ses fantasmes mais aussi, semble-t-il, ses différents passages à l'acte. Il n'y aurait pas qu'une victime, mais des centaines, peut-être même quatre cents[1] ! Des dizaines d'enfants abusés sont directement mentionnées chaque année à partir de 1993, parmi ses proches, mais aussi parmi ceux hospitalisés et placés entre ses mains pour être « soignés ». Les mots ignobles qu'il emploie résonnent comme prononcés à l'oreille d'Elsa, ses mains et ses doigts qui soulèvent les draps et les blouses pour dévorer les corps fragiles. Entre deux portes, deux opérations, deux séances de piano, il s'immisce, s'insère et se délecte de la facilité avec laquelle l'interdit viole en éclats.

Elsa souffle en augmentant son rythme de course tandis que les listes de noms, d'âges et de lieux associés défilent dans sa tête. C'est infernal, comme la jouissance de cet homme qui se déverse au fil de ses notes sur ces enfants endormis, anesthésiés, manipulés par celui qu'ils prenaient pour leur protecteur. Ils sont âgés en moyenne d'une dizaine d'années, mais les plus jeunes n'ont que quelques mois, il y a aussi quelques adolescents, les plus âgés ont apparemment 18 ans. Le chirurgien a pris soin de répertorier

1. En septembre 2017, les premières investigations sur le journal intime de Joël Le Scouarnec révèlent la mention de plus de quatre cents mineurs comme victimes présumées du médecin.

ses victimes en dehors de son journal, réparties entre filles et garçons sous forme de listes, classées dans deux fichiers nommés « Vulvettes » et « Quéquettes ». Les investigations pour les retrouver sont lancées sur plus de vingt-cinq établissements dans lesquels le chirurgien a exercé au cours de sa vie. Cela représente presque toute la côte Ouest française.

Combien de temps faudra-t-il pour tous les retrouver ? Des mois ? Des années ?

Sur la base des premiers éléments du journal qu'Elsa a transmis au fur et à mesure à la juge d'instruction, Joël Le Scouarnec a commencé à reconnaître en audition certains faits, mais seulement les plus anciens et les plus susceptibles d'être prescrits. Il nie les viols mais concède des agressions répétées sur trois nièces et d'autres enfants de son entourage entre 1986 et 2003. Pour le reste, il louvoie, invoque le mélange de fantasmes et de réalité, son absence de souvenirs, dit qu'il ne sait plus ce qui est vrai, ce qui est faux, qu'il en est bien désolé mais qu'il est heureux de pouvoir en parler avec un psy.

Elsa enrage. Mais qui est ce type ? Quatre cents victimes ? À l'hôpital ? Elle trébuche en continuant sa course sur un chemin de pierres et tente mentalement de se représenter cette hécatombe. Comment est-ce possible ? Personne n'a rien vu, personne n'y pouvait rien ? Pendant trente ans ? Il n'a apparemment jamais cessé de travailler ni de perpétrer ses crimes dans l'enceinte médicale : il n'avait donc pas de collègues ? Pas d'infirmières pour entrer à l'improviste dans une chambre, surveiller la salle de réveil, la table d'opération ? Pas de médecins pour interroger ses habitudes ? Et pas un parent, nulle part, pour observer quoi que ce soit ? Faut-il croire qu'il s'agit d'un passe-muraille ?

Elsa tente de s'en convaincre, presque pour elle, pour se sauver, pour ne pas avoir honte ou se sentir responsable. Car si les patients du docteur n'ont aucun souvenir, alors elle devra leur apprendre, elle, ce que Le Scouarnec a pu leur faire, ce sera à elle de leur révéler cette horreur et de détruire leur enfance, et elle imagine bien que personne ne lui dira merci. Elle envisage plutôt qu'ils lui demanderont des comptes et qu'ils voudront savoir pourquoi. Pourquoi personne ne l'a arrêté avant ? Comment a-t-il fait ? Où était-elle, où étaient les autres gendarmes et policiers, où était la loi ? Que leur répondra-t-elle ? Que c'est terrible, mais qu'on ne pouvait pas savoir ? Désolée, passez votre chemin, il était comme un dieu que personne ne pouvait contrôler ?

Elle ne pourra pas leur dire ça. En quelques mois, elle a déjà accumulé des indices selon lesquels des dizaines de personnes avaient connaissance de la perversion et de la dangerosité du médecin. Elsa a auditionné sa femme, sa sœur, ses nièces. Elles savaient, même si sa femme s'en défend farouchement. Certains de ses amis. Ils savaient. Il a été arrêté en 2005, condamné pour consultations de fichiers pédopornographiques sans que cela ne change rien dans sa vie. Du sursis, sans injonction de suivi ni de soins. L'administration hospitalière, tenue au courant, n'a pas bougé. Pas un collègue n'a trouvé la situation anormale alors que plusieurs d'entre eux savaient qu'il avait été condamné, et pourquoi. Il a même été promu peu après son passage au tribunal ! Le conseil de l'Ordre l'a laissé tranquille, alors qu'il connaissait son casier !

Qui d'autre encore savait ?

Elsa court, le château de Jonzac s'éloigne dans son dos. À l'instant, elle ne cherche qu'à épuiser son corps, atteindre sa limite. Elle accélère jusqu'à pousser un cri. Un bruit de tempête battant la toile de ses tempes, elle manque de tomber, se plie pour s'appuyer sur ses genoux et reprendre son souffle. Elle n'avait pas réalisé la distance parcourue, elle est au milieu des vignes de Cognac, le soleil déclinant vers l'automne. Elsa réalise combien elle est en cet instant dévastée par la conscience qui émerge en elle : l'homme qu'elle a arrêté n'était pas seul, il ne pouvait pas l'être, on ne commet pas de tels crimes avec une telle aisance sans assurance de ne pas être arrêté. Il faut des complices pour ne pas avoir peur. Des protections. S'il a mené cette vie, c'est qu'il le pouvait !

Elle étouffe encore, angoissée par les conséquences qu'elle ne peut plus ignorer. Mais comment montrer *ça* ? Comment le prouver ? Ou seulement le dire tout haut ? Ses pensées s'entrechoquent car une part d'elle-même tente de retenir l'autre. Elle ne devrait pas penser à *ça*, ce n'est pas son rôle, son devoir est de mettre un homme, un seul, face à ses responsabilités. Elle devrait revenir à ce qu'elle était avant, la bleue à qui on confie les petites affaires de mœurs parce que ça ne mange pas de pain, et qui fait le job sans avoir conscience de tout *ça*. Elle devrait se concentrer sur lui, seulement sur lui, pas sur les autres !

Mais c'est trop tard, ils sont là, elle sent leur présence sur sa peau comme la brûlure d'une blessure infectée. Car la puanteur de cette affaire tient dans son ampleur. Elle ne peut pas passer à côté. Le déferlement de ce qu'on ne dévoile jamais, de ce qui manque d'ordinaire. La preuve non seulement des actes commis, mais leur explication, l'origine du mal. Le comment on en arrive là. Comment *ça* commence. Comment on laisse passer. Comment on s'en désole alors qu'on aurait pu l'arrêter, mais qu'on ne l'a pas fait. Il y a des réponses !

Elsa revoit les affaires qui ont filé sous ses yeux, les enfants tremblants, la résignation triste qui était la sienne quand elle refermait ces dossiers sans lumière parce que personne ne voulait rien dire du papy ou du cousin, de l'oncle ou du voisin… Mais Le Scouarnec est tous ces hommes à la fois, il semble avoir utilisé chacune des facettes de sa vie, son statut de médecin, de père de famille, de notable. Son entourage intime et professionnel forme une toile qui relie chacun des points aveugles dans les procédures habituelles. Elsa a le sentiment de tenir une clé qu'elle ne peut plus lâcher. Elle doit l'utiliser, passer la porte, regarder ce qu'il y a derrière, quitte à trouver tapis dans l'ombre des milliers d'autres Le Scouarnec. Elle a peur – d'elle-même et de la violence de ce qu'elle ressent – mais elle doit le faire.

Où, quand, comment ferme-t-on les yeux ? Pourquoi ?

Et comme personne ne l'entend, Elsa hurle.

Ce n'est pas un homme, c'est un médecin

- Je me souviens surtout que je ne vois pas son visage. Je vois juste un médecin en train de me caresser et je me souviens surtout de sa main je suppose, dans ma culotte, ses doigts. Je le regarde, terrorisée. Et je me souviens qu'il me dit: «Est-ce que je te fais mal?» Et moi j'ai répondu non. Pour moi, à ce moment-là, ce n'est pas un homme, c'est un médecin qui me demande s'il me fait mal avec sa main. Il avait une quarantaine d'années.

Extrait de l'audition d'Adélie M.[1],
opérée de l'appendicite à l'âge de 9 ans
à la clinique La Fontaine de Loches.
Commissariat de police central de Tours,
23 septembre 2019 à 9 h 46.

1. Le prénom et le nom ont été modifiés par l'autrice.

UNE SŒUR

Mardi 26 septembre 2017

Monique sort de son audition à la gendarmerie de Limours[1]. Elle n'a plus les idées très claires quand elle remonte dans sa voiture. Elle vient de parler à un gendarme, comment s'appelait-il ? Adjudant Étienne quelque chose, venu de Jonzac pour l'entendre au sujet de son frère, Joël Le Scouarnec. Elle est arrivée à 9 heures. Il est déjà midi. Elle n'a pas le temps de réfléchir, elle part rejoindre le domicile de ses parents, à quinze minutes de là. Son père est en train de mourir.

1. Pour rappel, comme dans le reste de l'ouvrage, le chapitre qui suit est une reconstitution littéraire établie sur la base de faits mis en lumière par le dossier ou déjà rendus publics, les personnages dont il est question ayant refusé de s'exprimer. Des éléments tels que la trajectoire psychologique qui leur est prêtée, la description de certaines scènes ou émotions, relèvent ainsi d'une pure interprétation subjective de l'autrice. Il s'agit, par ce prisme créatif, de cerner les mécanismes universels du déni qui semblent avoir été à l'œuvre et qui permettent de mieux comprendre le déroulé d'affaires comme celle de Joël Le Scouarnec.

Elle tente de se rappeler : qu'a-t-elle dit ? Est-ce que c'est grave ?

Elle s'arrête un instant face au pavillon où elle a grandi. Derrière la porte, il y a son père de 92 ans, Georges, allongé sur un lit médicalisé au centre du salon transformé en chambre. Il n'ouvre un œil que par intermittence, la plupart du temps pour fixer le plafond sans dire un mot, dans un état de semi-conscience. Dans la maison, elle sait qu'il y aura aussi Christophe, vieil ami de la famille devenu l'auxiliaire de vie à temps plein de Georges.

Monique entre sans frapper, salue Christophe, mange peut-être un morceau. Mais elle se sent un peu vaseuse. Elle jette un regard sur son père, qui semble tranquille, alors elle monte se reposer à l'étage. Christophe reste dans le salon à regarder la télé, grignotant des chips aux côtés du père endormi. Elle entend dans son dos le journal de 13 heures qui commence, la voix familière de Jean-Pierre Pernaut, indéboulonnable.

Elle se retrouve dans son ancienne chambre, presque conservée à l'identique tout au long de ces années, avec un lit superposé qui a servi depuis à accueillir ses deux filles. Leurs dessins à toutes les deux sont encore accrochés un peu partout, les murs en dessous toujours recouverts d'un papier peint désuet, parsemé de fleurs orangées. Sur la commode, une petite statuette en bronze, un angelot qui regarde le ciel et s'apprête à s'envoler. La pièce est minuscule mais c'était le confort rêvé par ses parents à la fin des années 1950 : une petite maison construite grâce à leurs économies, avec une chambre pour chacun de leurs trois enfants : Joël, son aîné de deux ans, elle, et Thierry, le plus jeune, trois ans de moins qu'elle.

Monique attrape un roman abandonné sur la table de chevet. *Mansfield Park*, ce Jane Austen qu'elle n'a jamais réussi à lire alors qu'elle adore la romancière. Peut-être parce que plus grave, plus austère que les autres ? L'histoire d'une jeune fille au physique ingrat, pauvre, dont la seule gloire tient dans un sens moral à toute épreuve… Monique préfère les héroïnes révoltées en quête d'amour, s'aventurant de bal en bal dans un entrelacs de poudres et de tentures à fleurs, enivrées par les parfums de la bourgeoisie anglaise. Emma Woodhouse, Marianne Dashwood ou encore Elizabeth Bennet… Adolescente et même après, Monique n'y a jamais vu grande ironie et se rêvait comme elles : vive et impétueuse, fouettant la croupe d'un cheval dans la campagne nimbée du petit jour, revendiquant sa liberté. Sans leur ressembler vraiment, Monique s'est sentie capable de partager un peu de leurs élans, y compris socialement, en étudiant la littérature avec passion. Elle n'est pas devenue médecin comme son frère, mais professeur, ce qui n'est déjà pas si mal.

Monique s'allonge sur le lit du bas, *Mansfield Park* sur le ventre.

Elle ne pense pas avoir souffert de ses origines modestes, au contraire. Elle a certes grandi dans ce petit pavillon d'une banlieue triste et populaire, à une heure de Paris, mais elle a toujours valorisé la simplicité, les valeurs et la droiture de l'éducation qu'elle a reçue. Ça, elle se souvient l'avoir dit aux gendarmes.

Quelle angoisse soudain. Qu'a-t-elle dit d'autre ? Elle tente de se le remémorer instant par instant.

Ils ont commencé par le commencement. Leurs parents venus de Bretagne pour s'installer d'abord à Paris, la loge de concierge tenue par sa mère, son père menuisier. Elle est née là mais n'en garde aucun souvenir, elle avait 3 ans quand les Le Scouarnec ont eu assez d'argent pour faire construire leur maison en banlieue. Sa mère ensuite a gardé des enfants à domicile, elle faisait aussi des ménages. À 50 ans, elle a travaillé pour la première fois dans un bureau, pour une compagnie d'assurances.

Son père, Georges, était alors un type vaillant, qui luttait ouvertement contre le modèle transmis par son propre paternel, qu'il disait alcoolique et irresponsable. Elle le revoit plus jeune assis derrière la table en bois où ils prenaient leur repas, dire à ses trois enfants que ce qu'il voulait par-dessus tout, c'était leur offrir les moyens d'avoir un « bon métier ». Il était sans doute frustré de sa condition, mais il ne se plaignait pas. Il a travaillé des années comme ébéniste pour l'usine de stylos Waterman, et quand elle a été délocalisée à Nantes, vers la fin des années 1960, il est devenu coursier pour une banque. « Coursier, hein, pas courtier », l'entend-elle encore répéter à elle ne sait quel interlocuteur au téléphone. Ça doit être à peu près le moment où il a rencontré Christophe, d'ailleurs. Ah non, ils se connaissaient avant car c'est Christophe qui a aidé Georges à trouver un emploi dans la banque où il travaillait lui-même. Georges était un manuel dans l'âme, mais à partir de là, il s'est contenté de bricoler le dimanche dans son atelier, avec Christophe ou avec ses petits-enfants quand il en a eu plus tard.

Alors non, il n'y avait pas beaucoup d'argent à la maison, mais ça tournait rond. Ils n'ont jamais manqué de rien, ni de vêtements, ni de nourriture, ni d'affection. C'était une enfance heureuse, elle en est d'autant plus sûre que c'est l'image que lui renvoyaient ses amies d'alors, toujours contentes de venir prendre un goûter chez eux. La maladie de son plus jeune frère était présente, mais Monique ne pense pas avoir été négligée pour autant. Thierry était partiellement handicapé, alors bien sûr, il fallait s'en occuper, mais elle trouvait aussi que c'était normal, et elle adorait prendre soin de lui.

Elle a été surprise quand le gendarme a indiqué que Joël avait confié une petite jalousie vis-à-vis de Thierry. À ses yeux à elle, Joël n'avait aucune raison de lui en vouloir. Tout le monde fichait la paix à son grand frère et le laissait faire ce qu'il voulait, du moment qu'il respectait les règles – les mêmes pour tous : la politesse, le travail, l'humilité. Il avait deux ans de plus qu'elle, il était très intello, elle se souvient l'avoir toujours vu lire, elle le trouvait aussi gai et joyeux à la maison, taquin sans méchanceté. Le gendarme a indiqué que Joël se décrivait lui-même comme « froid et sans émotion ». Elle ne dirait pas ça. Il était un peu renfermé, c'est sûr, mais elle considérait ce trait de caractère comme le corollaire de sa maturité précoce. Il l'aidait pour ses révisions, en particulier les maths, il se montrait excellent professeur, très pédagogue…

Il était bûcheur, toujours dans sa chambre à réviser, pas vraiment d'amis, à part Christophe qui n'avait après tout que quelques années de plus que lui. Monique au contraire adorait sortir, courir, danser, elle aimait plaire aussi, et passer la journée à flâner dans les rues de Paris. Son grand frère détestait le sport, il n'en regardait même pas à la télé, et semblait fuir les grands soleils d'été. Il préférait la musique classique, l'opéra en particulier, il chantait très bien et s'est mis au piano dès qu'il a pu s'en offrir un, après ses études. Il allait au cinéma aussi de temps en temps mais rarement, et pour voir des films d'horreur, qu'il collectionnait aussi en VHS. Elle se souvient encore de la séance qu'il lui a proposé de partager autour de *Massacre à la tronçonneuse*, il devait avoir 18 ans, elle 16, elle en avait fait des cauchemars pendant des semaines. Lui, ça le faisait rire.

Le gendarme a bien sûr tilté quand elle a parlé des films d'horreur et lui a demandé si son grand frère regardait aussi du porno. Comment le saurait-elle ? Elle a pourtant dit être convaincue que non. Parce qu'elle pense que ce n'était pas son truc, comme les relations sexuelles en général, pendant sa jeunesse du moins. Avant Nicole, elle ne lui a jamais connu de copine, ni même d'intérêt pour qui que ce soit. En revanche, une fois avec elle – il devait avoir 24 ou 25 ans quand ils se sont mariés –, il a eu l'air tout de suite à l'aise, très amoureux et sans gêne particulière. Ils ont rapidement eu leur premier enfant, Alban. Du coup, non, pardon, mais il n'y avait aucun signe. Il était timide avant, voilà tout, et Nicole était clairement la femme de sa vie. Elle l'est toujours d'ailleurs…

Elle a raconté à l'officier la petite anecdote que toute sa famille connaît. À 7 ans, Joël a demandé à leur père : « Quel métier me permettrait de gagner beaucoup d'argent ? » Et Georges de répondre, après quelques secondes d'embarras, que « le métier de chirurgien, c'est bien ». Est-ce cela qui a déclenché la vocation de son frère ? En tout cas, il n'a pas cessé ensuite de travailler comme un acharné pour remplir cet objectif, jusqu'à l'atteindre. Elle revoit encore les séances de dissection de têtes de lapin ! Il les faisait rire avec ça. Dès que sa mère ou sa grand-mère en préparaient pour le repas, Joël s'emparait des carcasses pour en découper les restes, une serviette autour de la tête. Et il n'a jamais lâché. Il a raté deux années de suite son internat. Nicole raconte qu'elle l'a vu pleurer pour la première et unique fois lors de son deuxième échec. Finalement, il a été pris à Nantes, au troisième coup. Monique considère que, s'il avait raté le coche, il ne s'en serait jamais remis. C'était toute sa vie. Il disait même que devenir « simple médecin » ne l'intéressait pas, que ça ne valait guère mieux que « marchand de pilules ». Il voulait devenir chirurgien pour « explorer la machine humaine », elle se souvient de ses mots. Et il avait le tempérament pour ça. Du sang-froid. Jamais en colère. Consciencieux et à l'écoute.

Et puis, comme dans toutes les familles où on a la chance d'avoir un médecin, c'est lui qu'on appelait en premier quand on avait un souci, y compris au milieu de la nuit, ou quand on voulait une prescription de médicaments. Il incarnait la stabilité et la droiture quand Monique éprouvait régulièrement chaos et incertitude. Elle s'en remettait à lui pour les décisions importantes, lui demandant conseil bien plus qu'à ses propres parents, elle avait une confiance absolue en lui. Elle l'a dit comme ça aux gendarmes.

Ils se sont toujours vus régulièrement. Joël a trouvé son premier poste dans une clinique privée, à Loches, dans l'Indre-et-Loire. Au départ, ce nom de ville a suscité quelques moqueries. Mais Monique a découvert en rendant visite à son frère une ville charmante, et surtout, la demeure dans laquelle le couple s'était installé. Un véritable manoir, comme un petit château ! Avec un grand piano et de la vaisselle en porcelaine. La belle vie ! Ils ont rapidement construit une famille, avec un premier garçon, Alban, puis un deuxième, Sébastien, puis le troisième, Stephan. Monique se souvient que Joël chantait dans une chorale, elle aimait beaucoup sa voix ; il était aussi, croit-elle, investi dans l'organisation d'un festival de musique local. Sa famille était heureuse, leur vie rythmée par les balades à vélo le dimanche tandis qu'il jouait du piano dans son bureau. Ils avaient les moyens et aimaient en faire profiter leurs proches. C'était si agréable de leur rendre visite, Nicole savait recevoir même si Thierry dirait plutôt qu'elle maîtrisait l'art d'« en mettre plein la vue ». Il ne l'a jamais aimée. Il la trouvait pimbêche avec ses grands airs de « Madame la femme de chirurgien qui passe chez le coiffeur avant le dîner ».

Monique trouvait aussi que sa belle-sœur jouait parfois la grande bourgeoise, mais elle voyait bien que Joël restait égal à lui-même, patient, à l'écoute, simple et sans artifices avec son allure paysanne. Il était capable d'user le même pantalon pendant quinze ans sans voir la moindre raison d'en changer. Il préférait toujours le poulet aux hormones plutôt que le fermier. Pendant les années 1980 et une bonne partie des années 1990, Monique et son mari faisaient partie de la bande d'amis souvent invitée par Nicole et Joël pour un week-end « au manoir ». Il y avait les Gratin, les Verneuil… Elle sourit en repensant à leurs dîners sans fin, les jeux de mimes, Joël déguisé en statue de la Liberté et Nicole qui organisait tout à la perfection…

Le mode de vie adopté par Joël et Nicole depuis presque vingt ans n'est pas courant. Car s'ils sont toujours mariés, ils ne cohabitent plus depuis les années 2000 environ. Peut-être un peu avant. Et depuis, Nicole mène sa vie librement, tout en occupant la maison qui appartient à Joël, non loin de Vannes, ce qui agace Thierry. Monique, elle, s'est toujours refusée à juger le couple de son frère. Elle a gardé un contact régulier avec sa belle-sœur, elles s'appellent souvent, et elles se voient au cours des déjeuners et week-ends en famille qui n'ont jamais cessé. D'ailleurs, le couple n'a parlé à aucun moment de « séparation ». Thierry ne connaissait pas les détails de leur vie privée. Il a tout pris dans la figure il y a quatre mois, au moment de l'arrestation, il est très en colère, ça se comprend. Il en veut désormais autant à Nicole qu'à Monique de lui avoir caché des choses…

Mais Monique n'était sûre de rien ! Du moins, elle n'avait jamais fait l'effort de remettre bout à bout les événements, les phrases ou les bribes qui subsistaient dans sa mémoire… Elle n'avait jamais tenté de comprendre quand *ça* avait commencé, où, avec qui, si c'était grave, pas grave, tolérable ou intolérable, si *ça* devait avoir des conséquences et quelles conséquences, encore moins sur qui. Jusqu'à cette audition chez les gendarmes, elle n'avait jamais remonté les fils, jamais associé ce qu'elle savait à ce qu'elle aurait pu en dire à quelqu'un comme Thierry, qui vénérait son frère. Avant l'arrestation, *ça* n'avait pas vraiment de forme, *ça* reniflait, *ça* grattait ici et là, un peu comme un chat qui se demande où s'allonger. Puis *ça* déguerpissait, à cause d'un courant d'air ou d'un bruit, pour laisser place au rien, laissant Monique comme une chaise vide sur laquelle pouvait se reposer le temps. Sans *ça*.

Mais maintenant qu'elle y est obligée, assaillie par les questions des autres, elle réalise que *ça* a dû commencer au début des années 1990, peut-être avant, elle ne sait plus bien. Les gendarmes disent que Joël reconnaît des agressions sur des enfants à partir de 1985, quand il vivait dans son manoir. De cette époque, elle n'agrippe dans sa mémoire que les échos de quelques déboires dans la vie de couple de son frère. Nicole lui a en effet confié dès les premières années de leur mariage que leur vie sexuelle n'était pas formidable, qu'elle dormait mal à ses côtés, qu'il ronflait et qu'elle aurait parfois aimé faire chambre à part, ce genre de choses. Joël lui-même ne lui en ayant jamais parlé, Monique ne considérait pas que cela soit ses affaires, mais elle se souvient qu'à l'annonce de l'arrivée de leur troisième enfant, en 1985, elle y avait vu le signe que cela n'allait pas si mal entre eux, finalement, dans l'intimité.

Après, c'est plus flou. Elle revoit Nicole assise sur un banc, dans le jardin du manoir à Loches, ou peut-être était-ce plus tard, dans leur maison de Vannes ? Impossible à dire. Nicole sanglote à moitié, lui dit qu'elle a peur. « Il regarde les petites filles. Il les regarde avec un air… » Monique ne parvient toujours pas à se souvenir du mot employé par Nicole. A-t-elle parlé de « désir » ? « Un regard de désir » ? Ou peut-être « lubrique ». Plutôt ça. « Il regarde les petites filles avec un air lubrique. » Elle lui a raconté une scène avec une enfant, une « petite voisine » qui serait venue chez eux, et qu'elle avait perçu « son regard ». Oui, c'est ça : « le regard de Joël ». Nicole avait l'air bouleversée et lui a confié dans le même souffle avoir été victime elle-même d'attouchements quand elle était enfant[1].

Monique se remémore cet échange avec sa belle-sœur, mais pas ce qu'elle en a pensé à l'époque… A-t-elle imaginé que ses deux petites filles, qui jouaient non loin derrière elles dans le jardin, pouvaient être en danger ? Non, non, impossible, puisqu'elle n'a rien fait. Mais avait-elle les moyens de déduire quoi que ce soit des propos de Nicole ? Celle-ci pouvait dramatiser les choses à cause de sa propre histoire et Monique n'allait quand même pas mener l'enquête sur les fantasmes de son frère. Ce n'était pas son rôle. Nicole devait l'avoir compris d'ailleurs, car en dehors de ses révélations tremblantes, Monique ne se souvient que de ses grands sourires, de la main qu'elle posait tendrement sur l'épaule de Joël, et des petits mots doux que les deux s'échangeaient. C'est sans doute pour ça que Monique n'a plus repensé au « regard de Joël », qu'il s'est effacé comme le grain d'une photo oubliée, image fantomatique qu'elle ne parvient toujours pas à restituer.

Elle ne l'a même pas fait quand Audrey, sa plus grande fille, est arrivée en traînant par la manche sa petite sœur, Marianne. Elles se sont plantées devant elle, Audrey faisant mine de peser lourd, tandis que Marianne gigotait au bout

1. Selon les éléments rapportés par Nicole Le Scouarnec lors de ses différentes auditions par les gendarmes.

de son bras. C'était en 1999, pas longtemps après la mort de son mari. Un matin de juin, Marianne, qui devait avoir 10 ans, boudait depuis son réveil en refusant de se rendre à un déjeuner de famille prévu à midi. C'est Audrey qui a parlé d'abord : Marianne a quelque chose à te dire. Et puis : « Oncle Joël a mis la main dans sa culotte. »

Elle se revoit seule, tellement seule, face à ses filles. Monique entend encore battre ses tempes. Ça résonnait comme le fracas d'une carlingue, l'accident de voiture de son mari, ses quatre mois de coma, elle à son chevet, l'enterrement. Le deuil de son mari brouillait beaucoup d'informations dans sa tête. Mais qu'est-ce que tu dis ? Avec sa petite voix nasillarde, Marianne lui a répété quelque chose comme : « Oncle Joël a mis les doigts dans ma culotte, mais je ne sais pas s'il a le droit. Il est docteur, il a dit que c'était pour me soigner, alors peut-être que c'est normal. Audrey dit que non. »

Monique a cru sa fille. Bien sûr qu'elle l'a crue. Elle a tout de suite perçu sa gêne, le poids de ses mots, la sonorité sordide du mot « culotte » et l'attente dans ses yeux. Elle a senti que sa fille avait peur de se faire gronder, qu'elle pensait sûrement révéler sa propre bêtise, qu'elle n'aurait jamais rien dit sans le soutien de sa grande sœur… Parce qu'on ne parle pas comme ça d'oncle Joël, il est gentil, tout le monde le dit… Les enfants ne viennent pas chercher une punition si elle peut être évitée… Alors, elle disait vrai.

Monique percevait sa peur d'être grondée, mais pas seulement. C'était la peur aussi de lui faire confiance, à elle, sa maman qui s'endormait parfois avant elle, qui pleurait pour un rien tandis qu'Audrey préparait les repas. Monique le sentait, prise dans la culpabilité qui la minait depuis des mois, doutant de sa capacité à faire face. Pourtant, à cet instant, elle a compris qu'elle était au pied du mur, qu'il fallait leur prouver à toutes les deux qu'elle serait à la hauteur, qu'elle y arriverait.

Donc faire quelque chose, mais quoi ? Elle a voulu qu'elles se rendent toutes les trois au déjeuner de famille, avec l'objectif d'affronter Joël ; cela lui est apparu comme la solution. Les petites pleuraient mais Monique voulait connaître la vérité telle que lui la prononcerait. Pourquoi lui ? Pourquoi pas la police ? Une avocate ? Un juge ? Elle n'y a même pas pensé. C'était entre eux, *ça* ne pouvait pas sortir, *ça* ne regardait personne d'autre. Et puis ce n'était qu'une « histoire de culotte », *ça* pouvait s'expliquer, il avait peut-être vraiment voulu l'ausculter ou lui expliquer quelque chose. Elle n'avait demandé aucun détail à sa fille. *Ça* laissait de la marge pour une autre interprétation. Et peut-être que même sur ce sujet-là… Monique en ressent soudain une forme de honte, mais elle espérait au fond d'elle-même que son frère lui dirait quoi faire, encore une fois.

À cette époque, Joël faisait souvent le trajet depuis Vannes pour des conférences à Paris, il logeait alors chez ses parents, dans la chambre à côté de celle où elle se trouve aujourd'hui. C'est pour ça qu'il était là, pour ce déjeuner. Monique se souvient avoir guetté le moment où elle pourrait lui parler en tête à tête. Elle ne sait plus si Nicole et Thierry étaient présents, mais il y avait ses parents… et Christophe, sûrement. La maison est si petite, impossible de trouver un instant entre deux portes. Joël a soudain demandé si quelqu'un pouvait le déposer à la gare où il devait reprendre son train pour Vannes. Elle s'est proposée, sans doute trop vite, pour effectuer l'heure de trajet à ses côtés[1].

Les filles sont restées avec leurs grands-parents. Dès l'embranchement de la nationale, Monique, sans quitter des yeux la route, lui a demandé : « As-tu mis la main dans la culotte de Marianne ? » Elle n'a pas utilisé d'autres mots que ceux prononcés par sa fille. « Dis-moi la vérité, Joël. » Il n'a pas nié une demi-seconde. Il lui a dit « c'est vrai, je l'ai fait, je suis tellement désolé » et quelque chose comme « je n'aurai pas assez d'une vie pour réparer tout le mal que j'ai fait ».

Monique a fermé les écoutilles. C'était presque plus violent que les mots de son enfant. Elle a fermé pour ne pas être renversée par la vague, garder le cap, passer le creux. Et il a tout de suite ajouté que Nicole le savait, qu'il avait honte, « tellement honte de la décevoir ».

Elle s'est garée sur le bas-côté face au risque d'embardée. Elle a regardé son frère pour la première fois depuis leur départ de la maison des parents. Il était en pleurs. Elle a été frappée à nouveau, cette fois par sa détresse, effrayée de causer l'effondrement de son mentor. Il a ouvert la fenêtre et allumé une cigarette. Monique se souvient de la fumée dans l'habitacle alors qu'il disait avoir « des remords », qu'il n'avait « pas l'impression de faire du mal aux enfants », qu'il

1. La scène qui suit est reconstituée à partir des auditions de Monique et Joël Le Scouarnec.

cédait « à des pulsions ». Monique ne se souvient plus de ce qu'elle a bien pu dire, elle… *Ça* bourdonnait toujours, *ça* tapait fort sur la carlingue, Joël enchaînait les clopes, elle n'y comprenait pas grand-chose. Elle ne le regardait plus. Elle fixait l'enseigne d'une boulangerie qui clignotait un peu plus loin.

« Épi d'Or ».

Et puis dors, pensait Monique au milieu des volutes.

Elle a repris la route. Ils n'ont rien dit pendant la suite du trajet. En arrivant à la gare Montparnasse, elle lui a proposé d'aller prendre un café. Et là, elle a trouvé des mots acceptables, des mots qu'elle pouvait entendre et donc prononcer. Elle lui a dit qu'elle l'aimait, mais qu'il devait se faire soigner. Oui, il était malade, c'était seulement ça, et des maladies, on peut en guérir, reprendre la vie telle qu'on la connaît, il le savait mieux que personne ! Ce n'était pas un mal absolu, ce n'était pas un crime, c'était une maladie ! Même ses filles comprendraient, plus tard… Elle avait lu un article une fois sur un homme condamné dans une école. Il y avait l'éclairage d'un psy qui disait ça, que c'était une maladie, qu'il y avait désormais des thérapies spécialisées, que la prison n'était pas adaptée. Même si Joël lui-même parlait d'« agressions », elle n'entendait que sa douleur, la plainte d'un homme à l'agonie et dont il fallait absolument prendre soin, une statue dont elle pouvait réparer le socle. Et le reste irait de soi ?

Monique a proposé de l'aider, de prendre rendez-vous pour lui, et même de l'accompagner. Elle lui a dit qu'il fallait en parler à des « gens qui savent », des gens « comme lui ». Elle a dit qu'elle ne voyait rien d'autre à faire, mais qu'il fallait le faire. Il a répondu qu'il avait compris, qu'il le ferait. Que lui aussi, il voulait que ça s'arrête. Elle s'en souvient parfaitement.

Et il a pris son train.

Est-ce que Monique l'a cru ? Oui, elle dirait qu'à l'époque, elle en a été convaincue. C'est terrible quand on sait ce qu'on sait désormais, mais Monique n'a pas le souvenir d'avoir évoqué avec son frère la possibilité d'autres victimes. Elle n'y a même pas pensé. Peut-être parce que ça limitait le choc et lui donnait la possibilité d'une solution. Donner du sens à ce désastre était déjà de l'ordre du miracle, alors imaginer une magnitude plus grande, un tremblement plus puissant ne pouvait qu'augurer d'un drame dont elle ne se relèverait pas plus que lui. Elle était là pour sa fille, rien que pour elle, et elle avait le sentiment d'avoir obtenu qu'il ne la toucherait plus jamais. Le problème était ainsi réduit et presque « acceptable ». Non seulement parce qu'il se soignerait, mais surtout parce qu'aux yeux de sa sœur, il était impensable que Joël ose faire quoi que ce soit après cette conversation. La vie pouvait continuer...

Et elle a continué ! Ils se sont revus quelques mois plus tard, ils se sont serrés dans les bras comme d'habitude, Monique avait emmené ses filles, comme un mantra pour lui montrer combien elle avait confiance en lui. Ils se sont retrouvés et rien n'a changé dans les années qui ont suivi ! La sœur ne comprend qu'aujourd'hui qu'il y avait dans sa tête quelque chose de l'ordre de la pensée magique : « Si je le vois avec mes filles, c'est qu'il n'est pas dangereux. » Car bien sûr, elle avait décidé seule qu'il n'était pas dangereux, sans en avoir la moindre preuve, car elle n'osait même pas lui demander s'il se « soignait » réellement. Voulait-elle vraiment le savoir ? Peut-être seulement le croire, par la force d'un mélange de pitié et de loyauté qui lui ordonnait de soutenir son frère sur son chemin de guérison, de ne pas l'abandonner, et surtout de lui donner la chance de préserver sa réputation et sa famille. Sans cela, ne risquait-il pas de se suicider ? Tel un colosse aux genoux brisés menaçant de disparaître dans les flots ? Parce qu'elle le voyait ainsi depuis l'enfance, comme un esprit noble, supérieur au sien, et qui n'aurait pas supporté d'être privé de ce qu'il avait de plus cher, alors même qu'il s'était toujours employé à bâtir sa vie avec courage et dignité. C'était son sentiment à l'époque, elle pensait vraiment lui sauver la vie en le laissant tranquille, quitte à en oublier ses propres filles, qu'elle forçait à côtoyer leur oncle. Monique réalise la fable qu'elle se racontait, les excuses qu'elle se formulait parce qu'elle n'était tout simplement pas en état de revivre le choc d'une séparation après la mort de son mari. C'est ce que son psy vient d'analyser en séance : « Vous vous êtes protégée dans un moment d'intense fragilité émotionnelle. » Il a parlé de « déni », parce que son cerveau était « occupé à autre chose ».

Elle ne saurait dire combien de temps cet état a duré. Parce que *ça* a frappé de nouveau, peut-être deux ans après l'épisode des révélations, sans la réveiller vraiment. Monique était chez ses parents avec Marianne et Audrey. Ils se mettaient à table et Marianne refusait de descendre pour manger. Son grand-père lui a crié de se dépêcher. Durement. Sa sœur a pris sa défense et le ton est monté entre elle et son grand-père. Audrey s'est alors tournée vers Monique en lui criant : « MAIS QUAND EST-CE QUE TU VAS LEUR DIRE ? » Monique aimerait croire qu'elle a pris cette décision sans y avoir été obligée, mais elle sait que c'est à cause d'Audrey et de l'intensité de son regard. Monique a été extirpée de sa torpeur. Elle a raconté à ses parents ce qu'il s'était passé. Elle leur a dit pour Marianne.

En parlant, la fille regardait d'abord son père, Georges, mais rapidement, il a baissé les yeux. Sa mère aussi fixait ses mains, posées de part et d'autre de son assiette, les paupières presque closes. Monique parlait à leurs fronts. Quand elle a fini de raconter, il y a eu un silence, puis son père a dit : « Notre famille est détruite, mais il n'y a pas mort d'homme. »

La pièce tout entière était saturée de silence et de colère, grosse comme la veine que Monique voyait palpiter le long de la gorge de Georges. La menace, palpable, d'une explosion. Monique a compris : c'est vous qui détruisez la famille avec vos histoires qui ne sont même pas graves. C'est vous, les coupables. C'est vous qui serez punies si vous parlez.

Alors Monique a ployé sous l'autorité du père. Le chat a déguerpi sous la table et la chaise est restée vide. À nouveau. Les trois filles sont rentrées chez elles et le temps s'est reposé.

La famille a tenu bon. Peut-être que ça arrangeait Monique aussi, de savoir ainsi quoi faire, ou ne pas faire. Dominée par son père et par son frère, elle n'avait pas à réfléchir, elle n'avait qu'à obéir. Quelques mois plus tard, quand elle a reçu l'invitation de ses parents pour fêter les 75 ans de Georges en famille, elle a répondu oui, sans même hésiter. Et elle y est allée avec Audrey et Marianne, qui ne voulaient pas et n'ont pas eu leur mot à dire. « On ne discute pas, c'est comme ça. » Ses filles lui rappellent aujourd'hui qu'elles se sont disputées, que chaque visite suscitait leur révolte, mais que leur mère, systématiquement, remportait leur adhésion par la force de sa position. Monique ne s'en souvient pas. À peine a-t-elle saisi qu'il était arrivé des choses à Audrey aussi, mais à quoi bon les détails ? C'était suffisant et trop à la fois. Elle croyait ses filles, mais les conséquences étaient insupportables. Perdre son frère, trahir ses parents, ce n'était pas envisageable. Alors rideau. Surtout ne pas choisir, ne rien détruire. La famille a continué de se retrouver le dimanche, de temps en temps. Monique à l'époque n'en a même pas parlé à son psy qu'elle continuait à voir régulièrement.

Quelques années plus tard, en 2005, elle a su que Joël avait été arrêté. Nicole l'a prévenue, elle s'en souvient, même si c'est très vague. Elle lui a décrit ce qu'il s'était passé. Elle lui a dit qu'il y avait eu une perquisition, que l'un de ses fils était présent, qu'il en était très perturbé. Monique aime beaucoup ses trois neveux, elle en a été attristée mais elle n'a pas demandé les détails. Elle n'a jamais demandé si Joël avait été condamné, ni pour quels faits précis. Elle l'a seulement dit à Audrey, elle ignore pourquoi. Elle a compris, c'est sûr, qu'il ne se soignait pas. Mais qu'est-ce que cela changeait ? Bien sûr qu'elle était mal, malade même, quand elle sentait le chat revenir parfois, gratter et chercher sa place. Surtout la nuit. Quand *ça* remontait, cette bête imaginaire pétrissait son ventre, sa tête, mais finissait toujours par s'enfuir, loin de l'étau qui permettait à sa famille de tenir debout.

Des années se sont encore écoulées, les filles ont grandi, ont entamé de belles études, ça allait bien, elles n'en parlaient plus.

Jusqu'en 2012. La mort de sa mère, Hélène. Ça devait être lié, maintenant que Monique y pense. Mais oui, vers 2012, elle dormait mal, elle pleurait beaucoup, ça faisait ressortir des choses. Elle a parlé à Nicole de ce que Joël avait fait à Marianne. Elle revoit sa belle-sœur en larmes, un peu comme sur le banc si lointain où elle évoquait «le regard de Joël». Les deux images sont assez confuses, imbriquées malgré leurs vingt ans d'écart. Audrey lui dit qu'elle est folle, qu'elle a oublié qu'elle avait demandé dès 1999 à Nicole si Joël se «soignait» bel et bien, et que celle-ci avait répondu que oui. Mais en 2012, Monique en est sûre, Nicole lui a en tout cas révélé les faits concernant Sébastien, son cadet, qui aurait été sexuellement abusé par Georges, le père de Joël et Monique. Des «fellations», apparemment, dans l'atelier où Georges bricolait. Monique en a perdu le fil de ce qu'elle espérait faire reconnaître pour Marianne, oublié les comptes qu'elle demandait peut-être enfin à Nicole.

Aujourd'hui encore, Monique secoue la tête pour ne pas y penser.

Elle était sûre que son neveu disait vrai – elle l'a su tout de suite, instinctivement – mais impossible de demander à en savoir plus. Pas de détails. Pas d'images. C'était encore

« trop », beaucoup trop. Perdre son mari ou sa mère, elle ne pouvait rien y faire, alors un frère, et maintenant son père, pour *ça* ? Monique n'a pas su quoi faire, où trancher, ni même par où commencer, alors qu'elle croyait son neveu. Quand bien même elle en aurait eu la force – et Monique ne pense pas qu'elle l'avait –, elle a dû se dire que ce n'était pas le moment de confronter son père à son passé. Il était dévasté par le décès de son épouse, la femme avec qui il avait vécu cinquante ans, elle a voulu l'épargner.

Elle s'est débattue quand même, ça n'a pas été si facile à encaisser, même si elle a oublié de le dire aux gendarmes. Car il y a eu aussi son anniversaire en 2012, quelques mois plus tard. Ses 60 ans. Elle avait trop bu alors qu'elle déteste ça. Il y avait tout le monde, sa famille. Joël n'était pas là. Pourquoi ? Elle ne sait plus. Certains de ses amis à lui étaient présents, les Gratin et les Caillon par exemple. Mais pas les Verneuil. Elle s'en souvient à peine, mais oui, elle leur a dit. Elle revoit leurs visages. Elle a parlé, c'est sûr, à Bernard Gratin de ce que Joël avait fait à sa fille, du fait qu'il avait été arrêté pour consultation de fichiers sur internet. Elle lui a demandé de l'aider, de parler à Joël pour qu'il se soigne. Elle a tendu son téléphone à Bernard pour qu'il l'appelle. Joël a répondu.

Si Monique croit que cette scène est bien réelle, elle en doute aussi. Rien ne le prouve. Il ne s'est rien passé ensuite. Bernard n'est jamais revenu sur le sujet. Alors lui a-t-elle vraiment parlé ? A-t-il vraiment appelé Joël ?

La chaise est restée vide jusqu'en 2017, jusqu'à l'arrestation de son frère pour le viol de sa petite voisine. Monique a dû l'annoncer à son père, fin mai. Elle revoit Georges courbé sur son fauteuil, celui sur lequel Christophe est en train de regarder la télé. Il avait la mine fatiguée. Elle a raconté l'arrestation. Il a seulement maugréé en retour qu'il ne comprenait pas qu'un homme « aussi intelligent » que Joël puisse se faire prendre « pour de tels actes ». Monique a espéré un instant avoir mal entendu. La bêtise de son fils de se faire prendre pour de tels actes ? Elle n'avait rien prévu, mais c'est sorti tout seul : le problème serait d'être assez stupide pour se faire prendre pour si peu ? Parce que c'est banal ? Parce que tous les hommes font ça ? Lui y compris ? Et Monique a dit qu'elle savait pour Sébastien.

Georges a grogné, râlant que ce n'était « rien », de simples « gestes mal interprétés » avec son petit-fils. Un « malentendu » pendant qu'il « donnait le bain au petit ». Monique sait pourtant qu'il n'y a jamais eu de baignoire chez eux. Elle a pensé en l'écoutant à cette génération d'hommes, celle de Georges, qui ne prenait pas soin des jeunes enfants. Pas comme ça. Alors bien sûr qu'il lui mentait. Mais quoi ? Que faire ? Allait-elle dénoncer son père pour des faits survenus vingt ans plus tôt ? Alors que même Sébastien semblait lui avoir pardonné et lui rendait encore visite quand il le pouvait ? Alors que Nicole était au courant sans pour autant bouger une oreille ? Ça n'aurait eu aucun sens que ce soit à elle, sa fille qui n'avait rien à lui reprocher, de l'accabler dans sa vieillesse. L'occasion a filé ensuite. L'état de Georges s'est dégradé en un rien de temps, comme un mur rongé par les vers qui s'effondre à la première tempête. Joël a été arrêté il y a à peine trois mois et Georges gît désormais dans son lit, presque muet, grabataire, s'éteignant au son de Jean-Pierre Pernaut… Le médecin a attesté qu'il était inapte à témoigner dans l'affaire de son fils. Il ne dira plus jamais rien. C'est trop tard. Et la pensée de sa mort prochaine serre le cœur de Monique.

Dans son lit d'enfant, elle sanglote désormais, saisie par la pensée des centaines de victimes présumées de son frère. Par l'image de Sébastien, 5 ans, dans l'atelier de bricolage de Georges. Par celle de Marianne dans la robe à fleurs qu'elle portait vers 6 ans, assise sur les genoux de Joël. Elle pleure parce qu'elle les aime tous, son père, son frère, ses filles, ses neveux. Elle aurait dû porter plainte, elle en a bien conscience aujourd'hui, mais elle se débat encore sous la sensation de ne pas avoir eu le choix. Elle ne pouvait pas les affronter. Elle ne le pourra jamais. Elle ne peut rien changer du passé, elle en est si triste, mais elle n'a pas le courage d'envisager l'avenir différemment. Audrey lui a asséné qu'elle ne lui pardonnerait jamais, qu'elle et sa sœur avaient été abandonnées, livrées aux loups, que leur mère avait préféré protéger des agresseurs plutôt que ses propres enfants, par loyauté envers une famille pourrie de l'intérieur depuis toujours. Par soumission.

Et elle a raison.

Monique tremble, recroquevillée pour se faire toute petite, la tête enfouie dans ses bras, son ventre pétri par les griffes de l'invisible. C'est trop pour elle. Trop.

Épi d'Or…

La sœur souffle longuement et s'apaise à mesure que l'enseigne clignotante s'éloigne dans son passé. *Mansfield Park* glisse sans bruit sur le matelas. Le chat quitte la pièce.

Et puis Monique s'endort.

Ces actes, je devais les commettre

Question du juge: Depuis quand estimez-vous être attiré par les enfants? Les dates les plus anciennes mentionnées dans votre journal intime indiquent 1984.
Joël Le Scouarnec: 1984, c'est possible. Je le situais plutôt en 1985, mais peu importe, avant ça, je n'étais pas du tout attiré par les enfants sur le plan sexuel ou d'une façon générale. [...] Ma petite nièce Amanda[1] venait de temps en temps à la maison. Elle devait avoir 6 ou 7 ans. Elle venait souvent se réfugier dans mes bras. Elle était turbulente et ses parents la grondaient. Au début, je la consolais, et puis après, je suis allé plus loin. C'est comme ça que ça a commencé. Concernant les écrits, je ne sais pas comment ça a commencé. Pourquoi un jour j'ai voulu faire des tableaux de ce que j'avais commis ou de ce

1. Le prénom a été modifié par l'autrice.

que j'aurais pu commettre avec les noms, les prénoms, les dates et les adresses. Je ne sais pas. Je n'étais pas un collectionneur, sauf des timbres quand j'étais petit, ce que je notais, c'étaient les livres que je lis depuis la sixième, je le fais toujours. C'est le seul élément que je pourrais vous fournir quant à l'explication: ces actes, je devais les commettre. Pourquoi je les ai écrits? Je ne sais pas.

Audition de Joël Le Scouarnec
devant la juge d'instruction,
31 janvier 2022 à 10 h 15.

DES GENDARMES

Octobre 2004
Gendarmerie nationale de Vannes

Les arbres commencent tout juste à rougir quand un nouveau dossier atterrit sur le bureau des officiers de police judiciaire Gaël Delmas et Loïc Le Roux : « opération Falcon ». Ce nom a de quoi attiser l'imagination, frappé comme il est d'un tampon qu'on retrouve plus souvent au cinéma qu'à la gendarmerie de Vannes : celui du FBI. Mais s'il n'est pas question pour le maréchal des logis ni pour son adjudant de troquer leurs uniformes bleus pour des costards de *Men in Black*, les deux gendarmes ont bien un rôle à jouer dans le cadre de cette opération internationale conduite par le bureau fédéral américain. Dix mille personnes dans près de cent cinquante pays, dont deux mille quatre cent soixante-huit en France, ont en effet été repérées pour avoir consulté, téléchargé et échangé des fichiers à caractère pédopornographique en ligne. Les sites qui ont permis leur détection – Darkfeeling, Erectxboys, Lust Gallery – sont d'origine russe même s'ils étaient administrés depuis la Floride avant d'être fermés par les autorités américaines. Pour se connecter, les clients devaient en devenir membres, régler une cotisation par le biais d'une carte bancaire, entrer un nom d'utilisateur et un mot de passe. Trois individus ont été identifiés grâce à ces données sur le territoire relevant de la juridiction de la brigade de Vannes. Gaël Delmas et Loïc Le Roux sont donc désormais chargés de poursuivre l'enquête afin de procéder à leur interpellation.

Les trois internautes visés sont des hommes a priori bien sous tous rapports : pas de casier, une situation sociale sans nuage. Il y a un chirurgien-dentiste de 56 ans, un ancien cadre retraité d'EDF de 67 ans, et un chirurgien hospitalier de 54 ans. Les officiers ne pensent donc pas avoir affaire à de grands pervers en liberté, pas même à des bandits, mais à des notables sans histoire. Sur le papier, les actes commis sont graves, les infractions d'importation, de détention et de recel d'images pédopornographiques sont passibles de cinq ans d'emprisonnement, mais ils remontent aussi à 2003, le parquet de Nanterre a reçu les informations en janvier 2004, personne ne considère dans ce dossier qu'il est nécessaire d'y aller au pas de course. Les connexions interdites étant d'ores et déjà prouvées, il ne reste qu'à savoir si elles sont toujours d'actualité. Cela peut donc attendre… En l'occurrence, il faudra deux mois avant que soient lancées les perquisitions, en décembre 2004[1].

1. Les éléments qui suivent sont extraits du procès-verbal de synthèse de l'enquête menée à l'automne 2004 par la Compagnie de gendarmerie de

Les gendarmes se rendent d'abord chez René L., le chirurgien-dentiste de 56 ans qui exerce en ville. Gaël Delmas et Loïc Le Roux décident d'investiguer aussi bien son domicile que son cabinet. Chez lui, ils embarquent au sein d'un intérieur cossu un ordinateur fixe iMac de chez Apple, un disque dur externe et un modem. À son bureau et en présence d'un représentant du conseil de l'Ordre des médecins, un ordinateur fixe et un ordinateur portable, de type iMac. En garde à vue, René L. reconnaît facilement avoir téléchargé des images pédophiles sur internet contre paiement par carte bancaire, en avoir peut-être conservé sur son ordinateur de bureau même s'il ne se souvient pas exactement du nom des sites sur lesquels il naviguait. Il ne s'explique pas ce comportement qui semble appartenir à un passé évanescent. L'analyse des scellés prouvera cependant par la suite que René L. est resté coutumier du fait, du moins sur l'ordinateur qu'il utilise dans son cabinet médical : deux cent quinze photographies d'enfants téléchargées sur internet sont repérées dans son fichier « Speedo ». Dans celui intitulé « Cinéma » se trouvent cent quarante-six images de mineurs à caractère pornographique et cinq films vidéo de même type. Enfin, à la lecture de l'historique des connexions internet, les OPJ [1] découvrent que le chirurgien-dentiste se connectait toujours en juin, juillet et août 2004 sur plusieurs sites à connotation pédophile, notamment à l'adresse

---

Vannes pour importation, détention et recel d'images de mineurs à caractère pornographique.

1. Officier de police judiciaire.

suivante : mem2.boys-art.org. Pour lui, c'est donc réglé, il sera poursuivi, y compris au passage pour les téléchargements musicaux illégaux qui ont été repérés dans ses fichiers.

Au suivant.

Retraité d'EDF, Bernard T. vit dans un village paisible de trois mille habitants, entre un clocher et un moulin à vent. À son domicile, les OPJ saisissent un ordinateur fixe sans marque de couleur noire, un ordinateur beige sans marque non plus, un disque dur externe de marque MAXTOR, un lot de quarante disquettes ZIP, dix DVD-Roms et CD-Roms ainsi qu'une cassette VHS-C. Lors de sa garde à vue, Bernard T. reconnaît tout de suite les faits. Il indique de lui-même continuer à se connecter régulièrement sur des sites pornographiques et être allé en voir certains « où l'on découvre des enfants nus ». Ces sites sont payants. Le retraité explique son geste par son cancer en phase terminale : il est en train de perdre la vue, il veut « assouvir ses fantasmes avant de mourir ». Ça a le mérite d'être aussi clair que pathétique. Les gendarmes retrouvent dans ses dossiers cinq cent cinquante-neuf photographies pornographiques de mineurs ainsi que de très nombreuses vidéos, photographies présentant à la fois un caractère de violence sexuelle et de non-respect de la dignité humaine. Bernard T. sera poursuivi mais les officiers restent dubitatifs sur la sanction qui tombera sur cet homme d'ores et déjà condamné par la maladie.

Enfin, le 9 décembre 2004, Gaël Delmas et Loïc Le Roux s'attaquent au domicile du chirurgien de 54 ans, Joël

Le Scouarnec[1]. Dans deux voitures frappées du sigle de la gendarmerie, ils se rapprochent d'une grande maison blanche, dans un bourg à quelques kilomètres de Vannes, à 9 h 30.

En passant le portail, ils observent un jardin parfaitement entretenu, l'allée de gravier bien dessinée, et le crépi de la maison qui semble fraîchement repeint. Ils remarquent sans doute, sur le pas de la porte d'entrée, un jeune homme, peut-être le prennent-ils pour un adolescent – Sébastien Le Scouarnec a 22 ans –, qui tourne les talons vers l'intérieur en les voyant arriver.

La porte est refermée quand ils se postent devant. Ils frappent sans clameur, il n'y a aucune raison d'affoler la demeure, un homme vient leur ouvrir :

— Joël Le Scouarnec ?

— Lui-même.

Le ton est cordial, la procédure suivie à la lettre : les OPJ avisent le tenant des lieux des raisons de leur présence, celui-ci leur donne par écrit son assentiment, retranscrit en capitales dans leur procès-verbal :

> « SACHANT QUE JE PUIS M'OPPOSER À LA VISITE DE MON DOMICILE, JE CONSENS EXPRESSÉMENT À CE QUE VOUS Y OPÉRIEZ LES PERQUISITIONS ET LES SAISIES QUE VOUS JUGEREZ UTILES À L'ENQUÊTE EN COURS. »

1. Tous les éléments rapportés par la suite sont issus de l'analyse des PV des investigations menées par les gendarmes au domicile de Joël Le Scouarnec puis dans le cadre de la garde à vue du chirurgien, le 9 décembre 2004 à 9 h 30. Ces éléments ont été recoupés et mis en perspective en fonction des témoignages de différents protagonistes auditionnés en 2017.

Les officiers doivent donc juger de ce qu'il sera « utile » de saisir. Ils commencent par noter consciencieusement la répartition de pièces. Au rez-de-chaussée : une salle de bains, une cuisine et une arrière-cuisine, un salon-salle à manger, deux chambres et un W.-C. Au premier étage : trois chambres, une salle de bains, des toilettes et une mezzanine. Il y a aussi un garage, un sous-sol de deux pièces et un autre appartement de deux pièces attenant au pavillon. A priori, il y a du boulot pour tout passer en revue.

Le jeune homme aperçu en arrivant – Sébastien – se faufile vers la sortie. Les officiers s'enquièrent peut-être de connaître son statut mais ne lui posent aucune autre question et ne mentionnent pas sa présence dans leur PV. À l'étage, ils croisent la femme de Le Scouarnec, qui manifestement fait chambre à part de celle de son mari. Elle les questionne sur la raison de leur irruption dans sa maison, ils lui énoncent sans détour les motifs de l'enquête en cours et lui demandent en retour si elle ne serait pas au courant des activités en ligne de son mari. Nicole Le Scouarnec s'en offusque et leur révèle qu'ayant elle-même été « victime d'un pervers dans son enfance », elle ne serait « jamais complice de tels agissements sous son toit ». Les gendarmes n'insistent pas et ne mentionnent pas la présence de Madame dans leur PV.

Dans ce qu'ils considèrent tout de même comme « la chambre des parents », située au rez-de-chaussée, les gendarmes mettent la main sur une unité centrale de marque UNIKA de couleur beige, une autre siglée FUJISU SIEMENS, trente et une cassettes VHS, vingt-huit CD-Roms et deux disquettes. Au premier étage, au niveau de la mezzanine, une unité centrale de marque IBM et une boîte de onze disquettes.

Les objets récoltés sont placés sous scellés. Les gendarmes estiment que leurs recherches au domicile de Joël Le Scouarnec n'amènent « à la découverte d'aucun autre objet susceptible de servir à la manifestation de la vérité ».

10 h 30. Ils repartent.

Joël Le Scouarnec est placé dans la foulée en garde à vue. À 11 h 30, le même jour, il est auditionné. Ses propos sont d'abord retranscrits d'une traite, sans mention des relances de l'OPJ :

— Je suis marié et père de trois enfants et j'exerce la profession de chirurgien au centre hospitalier de Quimperlé depuis le 1er octobre 2004. Auparavant j'ai fait des remplacements pendant un peu plus d'un an en 2003 et 2004 et avant cette date, je travaillais à la clinique du Sacré-Cœur à Vannes (56) où je n'ai pas voulu rester au moment de sa restructuration pour devenir la clinique Océane[1].

Le chirurgien indique ensuite qu'avant août 2003, il ne disposait d'un accès internet que sur son lieu de travail, au Sacré-Cœur de Vannes.

— À mon domicile, j'ai pris un accès à internet en août 2003 auprès de Wanadoo. Jusqu'à cette date, nous n'avions pas de connexion à internet à notre domicile.

Joël Le Scouarnec révèle donc que ses connexions repérées dans le cadre de l'opération Falcon – entre le

1. Tous les propos rapportés dans cette section sont extraits de l'audition de garde à vue de Joël Le Scouarnec, gendarmerie de Vannes, 9 décembre 2004.

7 mars et le 19 avril 2003 – ont eu lieu sur son lieu de travail et non à son domicile. Mais l'enquêteur ne tilte pas.

Comme avant lui René L. et Bernard T., Joël Le Scouarnec reconnaît à son tour «les faits» sans résistance:

— J'ai dû commencer à me connecter sur des sites à caractères pornographique et pédophile dans le courant de l'année 2002. Je payais avec ma carte bancaire personnelle, je visionnais et je téléchargeais des images. J'ai trouvé ces adresses internet en cherchant un peu sur le Net, mais cela n'est pas bien difficile à dénicher.

Le débit est mesuré, le ton cordial, Le Scouarnec pourrait tout aussi bien mentionner qu'il passe régulièrement au supermarché. Le gendarme lui demande de préciser le type de sites qu'il consultait à l'époque:

— Il s'agissait de sites où l'on voyait des enfants seuls ou ensemble, mais pas avec des adultes. Je téléchargeais certaines images, et les mettais sur des supports CD-Roms vierges. J'ai dû faire ainsi trois ou quatre CD-Roms de photos, et lorsque j'ai quitté la clinique du Sacré-Cœur pour aller à Quimperlé, j'ai détruit ces supports: je changeais de vie, je quittais mon bureau et ne voulais pas ramener ces photos à mon domicile. Ma femme n'étant pas au courant de cela, je ne me suis plus intéressé à ce type de photographies. Depuis un peu plus d'un an, j'ai arrêté tout cela car cela ne m'intéresse plus.

Tant mieux, semble penser l'officier posté en face du médecin. Ce dernier décrit ses agissements sur un ton anodin, soulignant qu'ils ne sont «pas bien difficiles» à commettre. Son attitude calme, presque détendue, donne l'impression que la page est tournée, qu'il n'y a pas de honte à avoir un moment d'égarement, qui plus est, révolu. En affirmant ne consulter que des scènes de sexualité « entre enfants », et donc en l'absence d'adultes, Joël Le Scouarnec accentue sans doute l'impression qu'il n'était pas impliqué dans ces images et ne cherchait d'aucune façon à participer à ces viols. Son langage corporel comme les mots choisis évoquent cette forme de normalité. *Ça* arrive. Et le chirurgien de préciser aux officiers que, de toute manière, il ne reste rien sur les supports saisis à son domicile :

— Peut-être trouverez-vous une trace de ces images, car on ne peut pas les effacer complètement, mais pour moi, que ce soit sur les ordinateurs ou les CD-Roms, il ne reste plus rien.

Autant dire qu'il faudra le croire sur parole.

Il est 11 h 50. Il reste encore une ou deux questions pour la forme :

— Saviez-vous que les sites consultés étaient illégaux ?

— Oui.

— Saviez-vous qu'il s'agissait de sites d'origine russe ?

— Non, absolument pas.

L'OPJ n'a aucun moyen de vérifier ces éléments de réponse mais la bonne foi de l'homme au front dégarni fera l'affaire. Il n'y a rien de compliqué dans ce maigre dossier dont les charges sont confirmées. Il est midi pile, ça suffit. La garde à vue est levée et Joël Le Scouarnec repart libre. Le résultat de la perquisition valide peu après les propos tenus en garde à vue : aucun fichier compromettant n'est retrouvé sur les ordinateurs et CD-Roms saisis au domicile du chirurgien. Il va donc être poursuivi, mais pour le minimum : les trois connexions détectées dans le cadre de l'opération Falcon. Pas plus, pas moins. Pour le reste, il n'a pas l'air d'avoir grand-chose à cacher, l'expertise psychologique diligentée révèle un possible épisode dépressif et un niveau de consommation d'alcool trop élevé, sans doute lié à des problèmes rencontrés dans son couple. Rien de méchant, rien de grave, plutôt un coup de malchance pour ce type qui a été surpris dans une mauvaise passe. Il ne devrait pas risquer gros lors de son procès.

Après quelques heures de travail tout au plus sur le cas de Joël Le Scouarnec, le tampon du FBI est oublié, la suite se jouera au tribunal et ce n'est plus de la responsabilité des gendarmes. Les *Men in Black* de Vannes passent à autre chose.

Le procès des trois personnes interpellées dans le cadre de l'opération Falcon sur le territoire de Vannes se tient le 13 octobre 2005. Lors de son passage éclair devant le juge, Joël Le Scouarnec ne modifie rien de la version développée devant les gendarmes de Vannes presque un an plus tôt.

Le médecin n'est pas présent lors de l'énoncé du verdict, le 17 novembre 2005. Il risquait deux ans de prison et 30 000 euros d'amende, il écope de quatre mois de prison avec sursis, sans obligation de soin ni de suivi, assortis de l'amende minimum de 90 euros. Le juge a pris soin de justifier sa décision. Dans son délibéré, il attribue à Joël Le Scouarnec le « mérite de la franchise », comme il l'a reconnu d'ailleurs à l'ensemble des prévenus dans le cadre de l'opération Falcon, punis eux aussi d'une simple peine avec sursis.

Ça fait trente ans que j'attends votre appel

Nous soussigné, major Jean-Charles C., officier de police judiciaire en résidence à Azay-le-Rideau, rapportons les opérations suivantes:
Débutant l'enquête confiée à nous par soit-transmis de Monsieur le procureur de la République de La Rochelle, nous transportons à C. Il s'avère que Mme B. n'y réside plus depuis plusieurs mois. Rapidement, nous identifions sa nouvelle adresse. Malgré deux passages à 10 h 30 et à 16 h 00, il n'est pas possible d'entrer directement en contact avec elle. Nous parvenons à la contacter téléphoniquement le 23 juin 2019 à 17 h 00.
Nous déclinons notre identité, expliquons à notre interlocutrice que nous nous inquiétons au sujet d'un professionnel de santé qu'elle aurait croisé il y a longtemps dans son parcours de soins.
Elle nous interrompt et nous demande s'il s'agit du docteur Le Scouarnec.
Surpris, nous lui demandons pourquoi elle pense

spontanément à ce praticien. Elle nous répond en larmes: « Ça fait trente ans que j'attends votre appel. »
Après quelques instants, elle reprend ses esprits, nous convenons d'un rendez-vous le 26 juin 2019, à 10 h 30.

Extrait de PV d'investigation émis par la compagnie de gendarmerie départementale de Chinon dans le cadre de l'affaire Joël Le Scouarnec, le 23 juin 2019 à 18 h 25.

DES AMIS

Elles se sont rencontrées en 1978, à Nantes. Marie-Claire Verneuil était assistante de direction au sein d'une agence immobilière où Nicole Le Scouarnec occupait un poste de secrétaire. Au premier coup d'œil, Marie-Claire s'est doutée que Nicole ferait long feu. Par ses manières comme par son impeccable brushing, on ne pouvait pas manquer son air d'appartenir à un monde où les femmes ne travaillent pas. Elle a d'ailleurs rapidement indiqué que cela ne serait que le temps de l'internat en chirurgie de son mari, Joël.

Marie-Claire pensait avoir affaire à une pimbêche mais elle découvre très vite de grandes qualités chez sa collègue, responsable, agréable et ouverte à la conversation. Nicole a une formation d'aide-soignante, le sens du travail bien fait et elle assume sans rechigner ses tâches quotidiennes. Marie-Claire lui trouve finalement du chien, il lui plaît d'évoluer dans son sillage, bien qu'elle soit officiellement sa supérieure. Leur collaboration se révèle si facile qu'elles sympathisent en dehors du bureau, allant prendre un café de plus en plus souvent sur la terrasse de la brasserie située en face de l'agence. Et ce qui devait arriver arrive : Marie-Claire et son conjoint, André, sont invités à dîner chez les Le Scouarnec.

Marie-Claire a déjà longuement évoqué auprès d'André son plaisir d'avoir rencontré une « nouvelle amie » au travail. Mais à l'entendre, André doute d'être séduit à son tour par cette bourgeoise en puissance qui n'attend que de pouvoir arrêter de travailler, méprisant les hommes qui ne subviennent pas seuls aux besoins du foyer. Lui-même est musicien, intégré au sein d'un orchestre ; il estime ne pas avoir à rougir de vivre de sa passion. Certes, ce qu'il gagne n'est pas suffisant pour entretenir une femme et deux enfants, dont un nouveau-né. Marie-Claire doit donc travailler, mais cela leur convient à tous les deux, et c'est parti pour durer. André n'a aucune envie de servir de faire-valoir à un couple en pleine ascension.

Dès leur première soirée ensemble, André change d'idée. Il trouve Nicole très belle, marrante et bonne cliente pour ses jeux de mots. Son rire est haut et clair. Son mari, Joël, lui fait également très bonne impression. Pas une once de mépris n'émane de lui. Au contraire, il a des manières simples, la clope au bec, un style presque dégingandé doublé d'une calvitie précoce qui le fait paraître plus vieux que son âge. Il évoque sans honte ses origines modestes. Il a l'air d'un paysan qui ne connaît pas les vacances plus que d'un futur chirurgien. Pas très causant au départ, c'est sûr, mais quand André évoque son métier de bassiste professionnel, Joël se montre tout de suite plus chaleureux. Il lui parle de sa passion pour l'opéra, et du piano qu'il rêve d'acquérir pour apprendre à en jouer. Même si André préfère la variété anglaise à la musique classique, leur amour pour l'art les rapproche. Ils n'ont pas beaucoup d'autres points communs, mais peu importe. Joël lit beaucoup, André peu, il bricole, pas lui, mais ils en plaisantent et s'entendent sur à peu près tout le reste. Marie-Claire l'apprécie aussi, même si elle se révèle plus impressionnée qu'André par la culture et le savoir de Joël. Elle l'imagine d'autant plus intelligent qu'il ne se vante pas et préfère parler d'un vaudeville vu au cinéma que de ses résultats à l'internat. Elle attend donc en général qu'il exprime son point de vue avant de confier le sien.

Les invitations pleuvent ainsi entre les deux couples. Les Le Scouarnec mènent encore une vie étudiante un peu bohème, ce qui sort leurs amis un peu plus âgés de leur agenda chargé, entre enfants et soucis financiers. Dans leur petit appartement nantais, Nicole se démène avec pas grand-chose pour faire des merveilles en cuisine. André apprécie ses efforts, peut-être un brin émoustillé par le charme de la maîtresse de maison. Il met sur le compte du vin trop rouge les sensations troublées qui peuplent parfois son sommeil après une soirée passée avec elle et son mari.

En 1981, son internat arrivant à sa fin, Joël est d'abord nommé chef de clinique, puis très vite, il trouve son premier poste de chirurgien à Loches, dans une clinique privée. Quand Nicole lui annonce leur départ, Marie-Claire rentre totalement abattue à la maison. André tente de la rassurer, invoquant l'amitié qui ne s'éteindra pas aussi facilement.

Nicole s'y emploie aussi, et elle semble tellement ravie, tout juste enceinte de leur premier enfant avec Joël, que Marie-Claire partage bientôt son enthousiasme, bien décidée à maintenir un lien fidèle malgré les trois cents kilomètres qui les sépareront désormais.

Les soirées nantaises sont en effet vite remplacées par des invitations à passer le week-end entre amis, dans « le manoir » des Le Scouarnec. André découvre avec plaisir cette grande demeure blanche, située au bout d'une allée, non loin d'un cimetière. Il n'y a pas à dire, c'est majestueux, presque hors du temps. La maison est superbe, avec un salon de piano, un grand jardin paysagé, et plusieurs chambres d'amis. Mais les Le Scouarnec n'ont pas changé, c'est ce que se disent les Verneuil en reprenant la voiture le dimanche pour regagner Nantes. En tout cas, Joël. Nicole a sauté dans ses nouveaux habits de femme de chirurgien avec délectation, désormais libre de son temps pour s'occuper de ses enfants, du jardin, de la cuisine pour le plaisir, et rien d'autre. Les Verneuil s'y attendaient et s'en amusent. Joël reste le même, heureux père de deux et bientôt trois garçons, très occupé au travail, mais détendu en présence de ses amis.

Les Verneuil sont rarement invités seuls pour ces week-ends au manoir. Ils font ainsi la connaissance d'autres couples, Véronique et Alain Caillon, Christine et Bernard Gratin en particulier, mais aussi Monique, la sœur de Joël, et son mari, ou encore Sandrine, la sœur de Nicole, elle aussi avec son époux. Ces journées passées ensemble sont joyeuses, les enfants de chacun ont à peu près les mêmes âges, ils sont parfois plus d'une dizaine à jouer dans le jardin. Le soir venu, les petits dorment dans un grand dortoir aménagé entre les poutres du grenier, leurs éclats de rire résonnent bien au-delà de l'heure du coucher. Il y a des balades à faire dans la région, les couples marchent ensemble, les soirées sont arrosées, et la tradition s'est bientôt installée de passer le Nouvel An chez les Le Scouarnec. La bande d'amis enchaîne de mémorables réveillons, indiscernables les uns des autres, mélange de chapeaux pointus, de cotillons et de grands rires avec Nicole.

Les Verneuil tentent toujours d'inviter à leur tour, même s'il faut reconnaître qu'ils sont la plupart du temps reçus chez leurs amis. Ils ont pourtant réussi à investir dans une petite maison en bordure de Nantes, mais cela n'a rien à voir avec les capacités de réception du manoir. C'est peut-être un peu gênant, ce manque de réciprocité, mais c'est aussi la condition pour se voir aussi régulièrement, cinq ou six fois par an. On ne peut pas non plus changer la réalité : les Le Scouarnec ont de loin la situation la plus aisée parmi leurs amis, et ils ne semblent d'ailleurs fréquenter personne de leur « nouveau » milieu. Véronique Caillon est par exemple une amie d'enfance de Monique et Joël, qui raconte volontiers le souvenir des goûters pris dans la cuisine du pavillon de banlieue parisienne où vivent encore les parents Le Scouarnec. Les Verneuil voient dans cette fidélité envers les amis « d'avant » un signe de générosité et d'affection particulièrement touchant. Surtout de la part de Nicole, qui aurait pu sauter sur l'occasion pour ne plus côtoyer que des notables mais qui se révèle bien plus constante et attentive que Marie-Claire ne le redoutait.

C'est au cours de l'un de ces week-ends, durant l'hiver 1988 ou 1989, que les Le Scouarnec évoquent leur décision de prendre des vacances en Grèce. Il fait froid et pluvieux dehors, un grand feu crépite dans la cheminée et Nicole distribue à tous des flûtes pour le champagne. Aussi fastueux que soit leur mode de vie, entre le travail de Joël et la naissance des garçons, le couple n'a jusque-là jamais pris le temps de faire un seul voyage. La perspective de s'échapper une semaine est donc un événement et leurs amis se réjouissent pour eux, discutant des détails de ce qu'ils ont réservé, de la manière dont ils ont choisi leur hôtel – luxueux –, les excursions prévues, ou encore de Monique qui a accepté de garder les enfants pendant ce temps. Le seul point qui titille encore les Le Scouarnec est de savoir quoi faire de leur voiture pendant la semaine. Ils ont en effet un vol prévu à l'aube au départ de Nantes pour rejoindre Paris, puis doivent attraper leur correspondance pour Athènes. Faudra-t-il partir la veille ? Réserver un hôtel à Nantes ? Laisser la voiture à l'aéroport ? Pour les Verneuil, l'occasion est trop belle de leur rendre service et de les remercier de toutes leurs invitations au manoir :

— Mais voyons, venez dormir à la maison, vous laisserez votre voiture chez nous et André vous accompagnera à l'aéroport. Il est à vingt minutes à peine ! Et bien sûr, nous viendrons vous chercher également ! s'exclame Marie-Claire.

En quelques minutes, c'est décidé : les Verneuil accueilleront au printemps les Le Scouarnec pour une nuit et joueront les taxis pour leurs si chers amis.

— Quelle chance de les avoir un peu chez nous, souffle Marie-Claire en s'endormant le soir, la tête dans les oreillers gonflés des Le Scouarnec, André à ses côtés.

Leur venue est imminente. Après un grand ménage de printemps au cours de la semaine précédente, Marie-Claire passe l'après-midi en cuisine, sans oublier de demander à Théo, son petit dernier de 11 ans, de nettoyer l'allée du jardin. Martin, son aîné âgé de 19 ans, étudiant à Nantes, n'est pas là. Il loge depuis la rentrée chez sa grand-mère pour être plus proche de l'université. Une chance, car cela permet de disposer d'une vraie chambre pour accueillir les Le Scouarnec. Marie-Claire en a profité pour en faire un nettoyage minutieux. Elle a même acheté de nouveaux draps et parfumé les oreillers, ajoutant des fleurs fraîches dans un vase juché sur la commode débarrassée des vieux journaux de Martin. André a trouvé que c'était un peu trop, les nouveaux draps, mais c'était bien le moins qu'ils pouvaient faire, lui a rétorqué sa femme, ajoutant que son mari en profiterait ensuite.

En fin d'après-midi, Marie-Claire se tient à la porte, et soudain s'écrie : « Ils sont là ! » Dès qu'ils sortent de leur voiture, ils serrent leurs amis dans leurs bras. Théo les rejoint. Les Le Scouarnec le trouvent bien grandi, même s'il a encore sa tête de bébé, nuance André. Nicole sourit en ajoutant que ses garçons ont hâte de le revoir. Les adultes prennent l'apéritif, du champagne de qualité, dans les effluves du rôti aux fruits et de ses accompagnements mijotés qui embaument la pièce depuis la cuisine. La table pour le dîner étant déjà prête depuis longtemps, ils n'ont qu'à s'installer. Nicole prend la peine au passage de remarquer comme tout est propre et bien tenu chez les Verneuil. Marie-Claire s'illumine. André, sachant son ami amateur d'autres plaisirs, adresse un clin d'œil à Joël en lui disant qu'il a trouvé un super whisky.

— On se lève tôt demain, mais ça aidera à dormir, non ?

Le repas est agréable, tout à la joie du départ prévu le lendemain aux aurores. Les Verneuil se prennent à imaginer pouvoir eux-mêmes voyager – peut-être en Sicile ? –, oubliant le temps du rôti leur compte en banque dégarni. Théo va se coucher, il dit « bonne nuit », avec un bisou sur la joue de tout le monde.

— On ne va pas tarder non plus, conclut André, engageant la conversation sur l'heure à laquelle il faudrait partir le lendemain – 6 heures du matin, ce serait le plus sûr pour être à l'aise.

— Alors, au lit la compagnie, on goûtera ce whisky la prochaine fois, mon ami, répond Joël.

Il doit être à peu près 22 heures. Alors que Marie-Claire indique à ses amis leur avoir préparé la chambre de Martin pour dormir, Joël – ou Nicole ? – déclare que ce n'est vraiment pas la peine de s'embêter pour une nuit. Qu'ils peuvent dormir sur le canapé-lit du salon, et même qu'ils préfèrent. Marie-Claire est désemparée. Ils ne sont même pas montés voir la chambre ! Mais pourquoi ? Peut-être sont-ils rebutés par la perspective du lit d'un adolescent, de son odeur, peut-être aussi que ça les dégoûte de monter le petit escalier y conduisant sous les toits... La maîtresse de maison, aussi vexée qu'elle soit, ne sait pas quoi répondre à part qu'elle leur prépare bien sûr le canapé. Est-elle montée chercher les draps sur le lit de Martin, pour qu'ils servent quand même ?

Les deux couples vont se coucher. Les Verneuil dans leur chambre, mitoyenne de celle de Théo au premier étage, les Le Scouarnec dans le salon au rez-de-chaussée.

Vers minuit ou 1 heure du matin, Théo se faufile dans leur lit. Marie-Claire le sent la première, tremblant et blotti contre elle sans un mot, André encore ronflant. Elle allume sa lampe de chevet :

— Mais que se passe-t-il ?

Elle voit d'abord les yeux dilatés, très noirs de son fils, des yeux qui l'effraient presque tant elle aime d'ordinaire la douceur de leurs iris bleutés.

— Ferme la porte à clé, maman.

Marie-Claire se lève aussitôt, sans comprendre et pourtant convaincue du danger. Une fois la clé tournée, elle regagne son lit, son mari dort encore, et Théo, à nouveau collé contre elle, commence à parler, très bas. Elle l'entend comme elle peut.

— Joël est monté dans ma chambre… Il m'a déshabillé… je n'avais plus mon pantalon… je dormais… Il m'a caressé, ça m'a réveillé… Et puis il a touché mon zizi… J'ai dit non… Il est parti… Il est en bas.

Théo, lui, se souvient encore très bien de ce qu'il a confié : « Il a voulu me faire une pipe. » Il s'entend encore dire ce mot qu'il n'avait jamais osé prononcer tout haut, encore moins face à sa mère, et qui était le seul capable de décrire de ce qu'il avait vécu.

Mais Marie-Claire est suffoquée, trop apeurée elle-même pour se saisir d'une image. Elle le serre fort, embrassant ses cheveux qui sentent la pomme pour tenter de calmer ses tremblements, chuchotant qu'elle est là, qu'il est en sécurité. En vérité, elle ne comprend pas, ne réalise pas.

Il est en bas.

Mais qui ? Quoi ? Comment ça ? Mais que vient-il de se passer, mon Dieu ?

La mère et le fils chuchotent depuis une heure, peut-être plus quand André ouvre un œil, puis l'autre, se redressant un peu pour observer la scène qui se joue à ses côtés. Depuis combien de temps entend-il ? Marie-Claire croise son regard, avec des yeux devenus noirs eux aussi, presque hagards. Théo reste caché dans son sein. Elle raconte à son mari ce qu'il vient de se produire. Elle le dit sans arriver à y penser.

— Il est en bas.

Ça bourdonne dans la tête d'André. Mais il ne bouge pas. Il ne peut pas. Il reste là, dans le lit, tandis que les mots étouffés de Marie-Claire, recroquevillée autour du corps de Théo, lui parviennent encore. Mais à peine.

Il ne descend pas.

De ce qu'il s'est passé ensuite, de ce qu'il a pu dire, André ne s'en souvient plus. Il sait seulement qu'il n'est pas descendu.

Les Le Scouarnec sont bien partis une semaine en Grèce. Alors le réveil a dû sonner. André s'est donc levé. Il est allé sans doute dans la salle de bains se mettre un coup d'eau sur le visage. Se brosser les dents. Il s'est habillé. Il est descendu. A trouvé Nicole et Joël en train de se préparer. Il leur a sûrement dit « bonjour » avant de leur proposer un café. A-t-il accéléré le mouvement ? 5 h 50, il faut y aller, autant ne pas manquer cet avion, on ne sait jamais ? Ils ont pris sa voiture. Il les a conduits à l'aéroport. De quoi ont-ils parlé pendant vingt minutes ? De tout et de rien ? De la météo ? Ou de l'élection de Jean-Marc Ayrault comme maire de Nantes ? Il promet de grands plans de rénovation et d'attractivité pour la ville, on verra ça, pas vrai ?

Peut-être bien, mais André ne se souvient de rien.

Il ne se souvient pas de la voiture des Le Scouarnec dans son allée pendant une semaine. Pourtant elle y était. Il ne souvient pas être allé les chercher à l'aéroport. Pourtant il y est allé. Il les a sans doute embrassés, leur demandant comment ça s'était passé, si la mer était belle, le soleil au rendez-vous. Et l'Acropole, alors ? En arrivant chez lui, sa femme et son fils n'étaient pas là, Marie-Claire ne pouvant pas supporter de les croiser. De toute manière, les Le Scouarnec avaient de la route à faire pour regagner Loches, alors ils n'ont pas tardé à reprendre leur propre voiture pour ne pas arriver trop tard. On se revoit vite au manoir, n'est-ce pas ? Merci encore pour la voiture.

André ne se souvient de rien.

Marie-Claire se rappelle à sa place que Théo a demandé qu'un verrou soit posé sur sa porte. C'est même André qui l'a installé. Marie-Claire en était triste. À cause de ce verrou que Théo tirait derrière lui avant de se mettre au lit, il n'a plus jamais été possible d'aller l'embrasser pour lui souhaiter bonne nuit.

Marie-Claire pense qu'en dehors de *ça*, l'adolescence de son fils s'est passée par la suite « normalement ».

Mais ils n'ont jamais reparlé de *ça*.

Ils n'ont plus jamais revu les Le Scouarnec, mais ils ne leur ont jamais dit pourquoi. Ils n'ont jamais expliqué non plus les raisons de cette rupture à leurs autres amis, dont presque tous les enfants – ceux qui dormaient dans le grenier du manoir – sont désormais présumés victimes du chirurgien. Ils n'ont jamais témoigné auprès d'une quelconque autorité avant d'être interrogés par Elsa, en février 2020.

Trente et un ans après la pose du verrou.

Marie-Claire pense qu'ils ont manqué de courage, qu'ils ont eu peur, sans savoir exactement de quoi : peur de briser la famille de celui qui était leur ami ? Peur de ne pas être cru, peur de raviver les souvenirs de leur fils qui semblait ensuite « aller bien » ? Peur qu'on les juge ?

André ne se souvient de rien et il ne sait pas pourquoi. Une part de lui semble encore figée dans son lit, abasourdie, minable. Une part d'ombre qu'il traite en étrangère, et qui pourtant depuis décide ce qui sera vu et ce qui ne le sera pas. Une part qui l'arrime encore à ce lit, à son demi-sommeil pendant que sa femme et son enfant chuchotent, à ce qui arrive quand on espère oublier avant d'avoir compris. Comme on attend sans savoir quoi. Alors *ça* n'arrive pas.

Était-elle déjà là, cette part d'ombre, dans sa nature d'homme un peu veule, préférant la musique au combat ? Ou s'est-il senti humilié si violemment, attaqué dans son intimité par celui qu'il considérait comme un ami, qu'il lui a été impossible de trouver une réponse face au choc ? André est-il une victime, lui aussi, si ce n'est d'un viol, du moins d'une violation, d'une effraction si terrible qu'il s'en est senti comme terrassé, dissocié de sa conscience et de ses conséquences ? Entrer dans cette chambre mitoyenne de la sienne, attaquer la chair et le sexe de son propre fils, n'était-ce pas une manière de le réduire lui, André, à rien ? De n'en faire littéralement qu'une bouchée ? De lui montrer combien son ami pouvait disposer à sa guise de sa piaule et de ses gosses, utiliser sa maison minable comme parking et partir en vacances après *ça* ? Une destruction qui fut si terrible, si indicible, qu'il lui a été impossible d'agir, ou même d'en reparler, pendant plus de trente années ?

Mais ce n'est pas eux qu'on a violés. C'est leur fils.

Alors c'était la honte, seulement la honte, d'avoir été attaqués pendant qu'ils dormaient qui les a empêchés de parler. Le canapé-lit refermé, les draps dans le lave-linge, le trajet en voiture. Le verrou.

L'humiliation.

Je suis très choqué et je ne sais pas quoi faire

- Étiez-vous au courant de sa condamnation pour détention d'images pédopornographiques, faits pour lesquels il a été condamné en 2005 ?
- Oui, j'ai appris cela par la sœur de Joël, Monique, qui a deux enfants, Audrey et Marianne[1]. Elle m'a expliqué que son frère Joël, pour qui elle a énormément d'affection, était mis en cause car il possédait des photos pédopornographiques. Je crois également qu'à ce moment-là, ou un peu plus tard, elle m'a dit que son frère avait également touché ses deux filles. Monique ne voulait d'ailleurs pas que ses filles en parlent et je sais qu'elle faisait pression auprès de ses deux enfants, car elle-même me l'a dit, elle ne voulait pas que cela s'ébruite. Elle me disait

1. Les prénoms ont été modifiés par l'autrice.

que son frère était mal et elle m'a demandé si je voulais bien lui parler. Je lui ai dit oui, sans problème. Et alors? Elle a immédiatement composé le numéro de son frère sur son téléphone et me l'a passé dans la foulée. J'ai échangé avec Joël Le Scouarnec des banalités, sans parler de sa mise en cause, ni par ses nièces, ni par la découverte des photos pédopornographiques. Cela devait être entre 2005 et 2015, je ne sais plus.
- En avez-vous reparlé par la suite à quiconque?
- Non. Mais j'ai su également par mon ex-femme que Joël avait abusé d'une autre de ses nièces, fille de la sœur de Nicole. Mon ex-femme m'a parlé de cela ces dernières années. Je ne sais plus quand précisément, mais avant que les faits ne soient connus par la presse. Je n'en ai moi-même jamais reparlé à personne.
- Joël Le Scouarnec mentionne dans ses carnets qu'il se faisait masturber par votre fille alors qu'elle était âgée de 12 ans. Votre enfant vous a-t-elle parlé de cela?
- Non. [...] Je suis très choqué et je ne sais pas quoi faire. Les faits sont prescrits. Ma plainte n'a aucune utilité, mais je suis effaré par ce que je viens d'apprendre.

Extrait d'audition de Bernard Gratin[1],
ancien ami de Joël Le Scouarnec,
gendarmerie de Vannes,
30 janvier 2020 à 9 h 20.

1. Identité modifiée par l'autrice.

UN VERTIGE

— C'était une chambre classique, la fenêtre était à droite et donnait sur le parking et j'ai pu voir mes parents arriver. La porte était à gauche. Il y avait une petite télé accrochée au mur en face de moi, il y avait une table de nuit, il y avait un petit placard juste à ma droite et un grand siège à côté de moi. Ma mère m'a dit que j'allais être opéré par le meilleur chirurgien dans cet hôpital. Qu'il avait une très bonne réputation. Je pense que mes parents y sont allés les yeux fermés.

— Souhaitez-vous lire les écrits rédigés par Joël Le Scouarnec, le chirurgien en charge de votre opération, vous concernant[1] ?

Le jeune homme fait signe que oui. Elsa lui tend alors les deux feuilles imprimées, extraites du « journal intime » du chirurgien, rédigées à l'hôpital de Quimperlé en avril 2006.

1. Extrait d'audition d'une victime présumée de Joël Le Scouarnec, 24 juillet 2019 à 10 h 35.

Elle observe le visage encore poupin de celui qui vient de fêter ses 20 ans, qui débute comme peintre en bâtiment et vit non loin de Jonzac, par le hasard d'un parcours qui l'aura fait suivre le déplacement de son agresseur. Ses traits se déforment d'abord sous l'effet de la stupeur, puis s'affaissent brutalement. Le vertige, Elsa le sent comme lui, qui déclenche le tressaillement de tout son corps alors qu'il imagine – forcément, il l'imagine ! – sa blouse de malade relevée sur son ventre de petit garçon de 8 ans. Comme tant d'autres auditionnés avant lui, il ne comprend rien. Rien. Son nom sur une liste infâme, les mots abjects qui le décrivent, les détails. Quand il retrouve l'équilibre, c'est trop tard, le monde d'avant s'est enfui.

Il se rappelait une appendicite, tout était normal dans sa tête jusqu'ici, un simple séjour dans le petit hôpital de proximité parce qu'il avait des douleurs au ventre… Il se souvenait d'un médecin qui se tient droit, à contre-jour d'une fenêtre derrière laquelle il faisait beau, sa manière de parler calmement, avec une certaine froideur peut-être. Il avait eu très mal, sa mère lui a dit qu'il avait beaucoup pleuré après l'opération, il avait connu des problèmes urinaires pendant des années. Mais c'était passé sans que cela ne soit jamais associé à l'idée d'une agression sexuelle. Encore moins à un viol. Il n'avait jamais pensé à *ça*. Même en connaissant certaines difficultés sexuelles dans l'intimité.

Il demande à sortir une minute. Peut-être va-t-il vomir.

À son retour, Elsa lui demande s'il souhaite porter plainte. Il ne veut pas. Il dit vouloir du temps pour « réaliser », avant de décider quoi faire. Le poids terrassant de l'intrusion dans son corps pèse désormais sur lui, il a honte d'en être recouvert, et la peur que cela se sache l'enfermera peut-être dans le silence. C'est le lot des victimes de violences sexuelles de se sentir ainsi. Il se lève, sans oser regarder Elsa, à nouveau un peu chancelant. Alors qu'il se dirige vers la porte, il lui demande simplement :

— Pourquoi personne ne l'a arrêté avant ? C'était en 2006, vous dites qu'il a commencé à agir ainsi dans les années 1980 ?

Elsa n'est toujours pas prête à répondre. Elle s'en veut mais lui sort des formules toutes faites : l'enquête en cours, la brigade qui reste à sa disposition, beaucoup d'éléments encore flous… pour qu'il quitte enfin de son bureau. Au son de la porte refermée, la tension verrouillée dans la nuque d'Elsa se relâche à peine, enserrant sa tête comme une minerve. Ne pas tomber.

Au début des investigations, en réalisant que Le Scouarnec s'en prenait à des enfants déboussolés, tout juste sortis du bloc, ou même encore anesthésiés sur le billard, en salle de réveil, dans leur chambre, abrutis de calmants et d'antidouleurs, Elsa se demandait si les corps se souviendraient de ce qu'il leur avait fait. Si le traumatisme, ce ne serait pas d'apprendre à des adultes, dix, vingt, parfois trente ans après les faits, qu'ils avaient été meurtris dans l'invisible. Depuis presque deux ans, les demandes d'investigation sont ainsi parties dans toute la France, des dizaines de gendarmeries ont été mobilisées, et les plaintes ont commencé à recouvrir son bureau.

Leur lecture a changé du tout au tout sa perception.

Elle en garde des bribes dans son carnet, désormais gros de centaines de pages annotées :

« Après mon opération de l'appendicite en 2003, je ne mangeais plus, mais en fait je ne sais plus trop pourquoi, mais mes parents m'ont dit que c'est parce que j'avais peur de vomir »... « J'ai des problèmes dans le cadre de mes relations intimes »... « Avant de découvrir ce qui m'était arrivé, je ne comprenais pas pourquoi j'étais dégoûtée par le moindre contact sur mes parties génitales »... « Au départ, c'était enfoui. J'avais toujours dit à mon mari, mes amis, qu'il y avait eu quelque chose, mais sans pouvoir dire quoi, je savais qu'il s'était passé quelque chose de grave. J'avais le souvenir d'une odeur acide, un peu citronnée »... « Les rapports sexuels ont toujours été compliqués et douloureux pour moi. Je ne suis jamais demandeuse »... « C'était un rejet total, quelque chose de profond, enfoui en moi »... « Je n'avais aucune explication jusqu'ici de ce que je ressentais et de pourquoi. »[1]

Elsa note dans son carnet les symptômes qu'elle recense toutes plaintes confondues, qu'il y ait ou non des souvenirs concrets des agressions : douleurs au ventre inexpliquées, infections urinaires, blocages et confusions sexuelles, énurésie qui perdure dans l'adolescence, dégoût du contact physique, phobies diverses, dérèglements alimentaires, dépressions à répétition, développement de comportements à risques... pulsions suicidaires.

1. Extraits des PV d'auditions de plusieurs victimes présumées de Joël Le Scouarnec conduites dans plusieurs gendarmeries françaises entre août 2018 et décembre 2019.

Les corps ont donc une mémoire. Les cauchemars, les phobies, toutes sortes de blocages en forment le langage. Les gestes aussi furtifs que meurtriers du chirurgien ont détruit quelque chose dans le fond des âmes de ces enfants, laissant une trace chez la plupart informulable. Bien sûr, certains disent que tout va bien, qu'ils ne veulent pas savoir ce que le chirurgien a écrit sur eux, c'est leur droit et Elsa ressent une joie infinie en les espérant indemnes. Mais il y a tous les autres. Car ils sont des dizaines à rapporter des souvenirs concrets, des attouchements ou des pénétrations qu'ils ont assimilées, digérées parce que, dans ce contexte, il fallait trouver *ça* « normal ». Quelques-uns – peut-être quatre ou cinq – ont osé parler de la gêne ou de la douleur infligée par le docteur sur le moment à leurs proches. Ils ont été renvoyés au fait qu'il devait s'agir d'un acte médical et qu'il ne fallait plus y penser :

« J'en ai parlé à ma mère. Je lui ai dit qu'il m'avait fait du mal. Je n'arrivais pas à formuler ce qu'il m'avait fait, du coup, elle n'en a pas pris la mesure et elle ne m'a pas cru. »

« J'en ai parlé à mes parents et ils m'ont dit que si le médecin avait fait cela, c'était sûrement pour vérifier que l'opération s'était bien passée. »

Jamais les adultes alertés n'ont envisagé la possibilité d'un acte mal intentionné de la part d'un médecin, encore moins au niveau sexuel. C'était impensable. Ah si, une :

« J'en ai parlé à ma mère avec mes mots d'enfant. Je sais qu'au moment de ma sortie, quelques jours plus tard, lors du rendez-vous pour enlever mes points de suture, ma mère en a parlé aux infirmières. Elle a même menacé de rester sur place pour passer ses nuits avec moi dans la chambre. Les choses en sont restées là[1]. »

Les choses en sont restées là… Quand elles ne se sont pas ajoutées à d'autres. Elsa constate avec effroi la récurrence des cas d'abus sexuels multiples, commis par d'autres hommes que Joël Le Scouarnec, sur plusieurs des victimes présumées. « Je savais pour mon père », dit l'une, quand un autre ne se souvenait « que » de son oncle ou d'un éducateur social. Ils sont peut-être une dizaine déjà à présenter ce type d'atteintes par de multiples agresseurs, auxquels s'ajoute désormais leur médecin. C'est le seul « avantage » d'une enquête menée sur le témoignage de plusieurs centaines de victimes : cela donne à Elsa une idée de ce qu'il se passe dans toute la société.

Elle ne s'en doutait pas. Pas comme ça. Pas partout.

Elle sort faire quelques pas à l'extérieur, tente encore d'étirer les muscles de ses épaules, renonce. Elle revient à son poste et se replie sur le dossier, relit ses notes dans son cahier, les dates, les lieux, le nom de celles et ceux qui auraient pu arrêter Joël Le Scouarnec. Elle cache ses investigations aux yeux de ses collègues et même d'Étienne – elle y consacre surtout son temps libre. Le témoignage de la sœur a sans doute déclenché son obsession, quand la gendarme a réalisé que le secret naviguait dans les arcanes de cette famille depuis plus de vingt ans, qu'il n'en était pas un en réalité, qu'il était partagé par plusieurs de ses membres. Les nièces du chirurgien ont semble-t-il été violées ou agressées pendant des années, certaines ont parlé, d'autres

1. *Ibid.*

ont compris que cela ne servirait à rien. Toutes sont restées enfermées dans un monde parallèle où on ne se demandait jamais s'il y avait d'autres victimes. Depuis, Elsa multiplie et recoupe les auditions, imagine les trajectoires des uns et des autres pour tenter de comprendre pourquoi rien n'est sorti de ce cercle intime. Pourquoi la famille a-t-elle, même inconsciemment, protégé Le Scouarnec au lieu de le dénoncer ?

Mais les proches du médecin n'étaient pas les seuls à pouvoir s'attaquer à lui. Elsa revient en particulier à cette procédure de 2004, treize ans avant l'arrestation intervenue à Jonzac, quand les gendarmes ont reçu le signalement du médecin dans la région de Vannes. Elle y perçoit la brèche, le moment où le monde extérieur aurait pu vaincre l'omerta familiale et briser la routine perverse de Le Scouarnec. Encore et encore, elle relit les PV pour comprendre comment ses collègues sont passés à côté d'un homme qui revendiquait déjà dans ses écrits avoir agressé des centaines d'enfants. Pourquoi n'ont-ils pas creusé au-delà de la plus fine surface ? Pourquoi l'ont-ils laissé passer si facilement ?

Elle ne demande au fond qu'à leur trouver des excuses. L'adjudant et le maréchal des logis-chef mentionnés comme en charge de la procédure ont peut-être été déstabilisés par le profil des hommes qu'ils devaient interpeller. C'étaient des notables sans casier, pas de pauvres types alcoolos comme ceux qui font le quotidien de ce genre d'affaires. Elle le comprend d'autant mieux que la situation n'a pas changé. La plupart du temps, ce sont les services sociaux qui font remonter les « problèmes » de mœurs et de violences sexuelles sur mineurs à la gendarmerie. Cela crée un biais social évident, car ces services travaillent plus souvent avec des familles défavorisées qu'avec des bourgeois apparemment sans histoires. Il y a plus d'éléments dans les dossiers et moins d'égards pour le droit à la vie privée. Face à des personnes vierges de toute enquête préalable, il faut poser une série de questions gênantes et embarrassantes pour la première fois, cela demande un peu d'expérience. Elsa reconnaît qu'elle-même commence à peine à trouver le ton juste pour conduire ce genre d'interrogatoires «intimes».

«L'opération Falcon» et son coup de filet mondial montraient combien la pédocriminalité transcende les âges, les frontières, les classes sociales, mais c'était aussi sans doute trop vaste, trop brutal pour que ses collègues en prennent la mesure. Ce type d'investigation était totalement inédit sur le sol français, la répression de la cybercriminalité y demeurait marginale… ce qu'elle est d'ailleurs toujours. Au mieux, les deux OPJ avaient peut-être entendu parler de la création courant 2004 du Centre national d'analyse des images pédophiles, une entité commune à la police et à la gendarmerie dédiée à la pédopornographie, mais dotée d'effectifs minimes. Ils n'avaient ni l'un ni l'autre reçu de formation spécifique sur ces questions, ni même sur les violences sexuelles en général, puisque ce type de sensibilisation n'existait pas en dehors des brigades spécialisées.

Mais un éventuel manque d'expérience n'enlevait rien à leur responsabilité d'interpeller trois hommes pour des faits graves, passibles de cinq ans de prison. Elsa contemple les PV étalés sur son bureau : trois pages en tout et pour tout.

Une expertise psychologique semble avoir été ordonnée et versée au dossier, mais Elsa n'en a pas trouvé la trace dans le soit-transmis de la caserne de Vannes.

Elle parcourt donc ces feuilles noircies de petits caractères pour en capter les plus infimes détails, y déceler si ce n'est un trouble, du moins une question, un intérêt même fugace pour l'éléphant au milieu de cette enquête : Le Scouarnec, accusé de détention et consultation de fichiers pédopornographiques, était un chirurgien en exercice au sein d'un hôpital public. Il avait donc autorité au quotidien sur le corps de dizaines d'enfants.

Pendant la perquisition, peut-être ? Seul le domicile a été visité : treize pièces en moins d'une heure, procès-verbal compris… Le strict minimum apparemment, pour attraper ce qui se voit, ce qui saute aux yeux sans avoir à les baisser afin de regarder ce qui se trame derrière. Ont-ils seulement ouvert quelques tiroirs ? Ont-ils demandé les clés des portes closes ? Que peut-on faire dans une maison de treize pièces en moins d'une heure ? Les gendarmes ne se sont saisis que du matériel informatique présent dans l'ancienne demeure de Le Scouarnec. Ce qui leur a semblé « utile » ne va pas au-delà. Sans doute parce que l'enquête américaine avait démontré que Joël Le Scouarnec consultait des fichiers pédopornographiques en ligne, ils n'ont remonté que la ligne en question, aucune autre.

Pourquoi séparer ainsi le virtuel et le reste ? D'où vient cette idée que cela n'a rien à voir ? Que mater des enfants qui se font *réellement* violer n'a rien à voir avec la réalité du viol ? Qu'on peut revenir à une activité normale après *ça*, ni vu ni connu, les mains propres ? Les gendarmes ne se sont même pas enquis de savoir si le chirurgien vivait *réellement* dans la maison perquisitionnée dans la matinée, signe de l'absence complète d'investigation en amont de leur intervention. S'ils avaient accordé un peu d'attention à ce dossier, ils auraient appris que le médecin occupait presque à temps complet une chambre à l'hôpital de Quimperlé depuis plusieurs mois. C'est un pur hasard si Joël Le Scouarnec se trouvait là, un jeudi matin, pour répondre à leurs questions.

Mais qu'importe le réel quand on traque le virtuel ?

On parle pourtant bien d'intimité et de sexualité. Quand on se demande comment un homme se connecte sur des sites pédopornographiques, on sait pourquoi il le fait, il ne lit pas *Le Monde* en même temps. Mais non, c'est en ligne, c'est ailleurs, ce n'est pas dans le réel, ce n'est rien. Il est père de trois « vrais » enfants, mais peu importe. Sa femme est une ancienne victime de violences sexuelles, mais c'est un détail. Peut-être que ça se comprend, ça aussi ? Parce que cette affaire les dégoûtait sans doute, parce qu'ils n'avaient pas envie de savoir comment se passe concrètement le rapport entre fantasmes et réalité, comment on fait pour bander sur le sexe des enfants tout en menant la vie d'un homme modèle. Qui a envie de savoir ça ?

Elsa repense aux ombres de la maison qu'elle a elle-même perquisitionnée à Jonzac, en mai 2017. L'odeur âcre et persistante dans les sacs de scellés. Elle revoit la figure écrasée des poupées dans leur poche transparente, leurs cheveux de paille emmêlés, les étiquettes numérotées. Plus de douze ans séparent les deux procédures. Entretemps, Joël Le Scouarnec s'est installé seul, son intérieur est devenu le reflet de sa personnalité réelle, et elle ne peut pas s'empêcher de croire qu'il n'attendait que ça. Qu'on le voie pour ce qu'il est.

Il est évident qu'en 2004, ses collègues de Vannes n'ont rien « senti » dans cette maison qu'il n'habitait même plus, à part sans doute le grand sapin de Noël probablement installé dans le salon à cette époque de l'année. Nicole a pourtant envoyé des signaux aux gendarmes, elle leur a parlé de son enfance, spontanément. Elle jure en tout cas l'avoir fait. A priori, ça ne disait rien sur Joël, bien sûr, mais cette révélation de ses propres traumatismes pouvait laisser penser qu'elle avait besoin de parler. Qu'elle avait des choses à dire sur « le sujet ». Et Dieu sait qu'elle en avait, soupire Elsa, qui repense à Le Scouarnec affirmant que sa femme était au courant de son attirance pour les enfants depuis 1996. Aujourd'hui, c'est trop tard, elle est enfermée dans sa coquille. Mais à l'époque ? Sous le choc de découvrir l'enquête en cours et les faits reprochés ? Que se serait-il passé si elle avait été auditionnée ? Interrogée sur son intimité avec Joël, sur la raison de leurs chambres séparées, sur ce qu'elle avait découvert dans leurs placards ?

Les gendarmes n'entendent pas Nicole, pas plus que Joël d'ailleurs. Pendant sa garde à vue de trente minutes montre en main, le chirurgien parle, mais dans le vide. Les officiers cherchent officiellement la corroboration de faits établis entre février et avril 2003. Le Scouarnec ne leur cache pas que, pendant cette période, c'est depuis son bureau à la clinique du Sacré-Cœur de Vannes qu'il s'est connecté, sachant qu'il n'avait pas d'accès à internet chez lui avant août 2003. Il insiste et révèle même aux autorités qu'il consultait de la pédopornographie dès l'année 2002, toujours depuis son lieu de travail. Il ne s'est jamais rien passé au domicile perquisitionné quelques heures plus tôt par les gendarmes. Mais l'officier posté en face du chirurgien n'en déduit rien. Il n'est pas même troublé de retranscrire des propos qu'il n'a aucun moyen de vérifier : Le Scouarnec assure qu'il voulait changer de vie, que tout ça est derrière lui, mais qu'est-ce qui le prouve ?

Encore une fois, la virtualité l'emporte. Non seulement les gendarmes ne posent aucune question sur l'univers professionnel de Joël Le Scouarnec, mais surtout, ils ne se déplaceront jamais jusqu'à Quimperlé, à soixante-treize kilomètres de là, cinquante minutes en voiture, pour y perquisitionner son bureau ou la chambre où il passe ses nuits. Ils l'ont pourtant fait pour le chirurgien-dentiste, arrêté lui aussi dans le cadre de l'opération Falcon, mais dont le cabinet était situé dans le centre de Vannes. Ils savaient donc que cela pouvait être pertinent, et qu'il était d'ailleurs nécessaire dans cette situation de demander la présence d'un membre du conseil de l'Ordre des médecins. Alors pourquoi pas dans le cas de Le Scouarnec ? Est-ce parce que Quimperlé était trop loin ? Parce qu'ils n'avaient pas le temps ? Que cela représentait de la paperasse en plus ? Prévenir le conseil de l'Ordre, demander les états de service à la direction hospitalière… ce genre de choses ? Parce qu'il aurait fallu mener l'enquête sur ce que le chirurgien lui-même rapportait ?

La minerve se resserre sur le cou d'Elsa : si seulement ils en avaient pris la peine ! S'ils avaient parcouru ces soixante-treize kilomètres, ils auraient découvert « Sonia », la poupée préférée de Le Scouarnec, qu'il gardait alors dans un placard de son bureau en compagnie de ses données compromettantes. Ils auraient mis la main sur les archives informatiques du chirurgien, ils auraient trouvé son journal intime, ils auraient trouvé les immondes fichiers « Vulvettes » et « Quéquettes », ils auraient lu – comme elle – le défilé des noms et des lieux où sont supposés s'être déroulés les viols et les agressions. Loïc Le Roux et Gaël Delmas auraient découvert que plus de deux cents enfants étaient potentiellement déjà victimes, que Joël Le Scouarnec avait sans doute martyrisé sa famille entière, celles de ses amis, et presque tous les patients mineurs laissés sous sa garde. Et qu'il en était si heureux !

S'ils avaient attendu deux jours après l'audition du chirurgien – Elsa leur accorde le temps de s'organiser – pour se rendre à Quimperlé, ils seraient tombés dans son journal sur la description de l'agression d'un enfant de 8 ans intervenue le lendemain même de leur arrestation du chirurgien.

> *« 8 h 30 (vendredi 10 décembre 2004) Dans son lit. J'ai trouvé le petit A. tout seul et je n'ai pas hésité à baisser son slip pour caresser sa jolie petite* [redacted] *et ses* [redacted]*. Puis je l'ai décalotté et j'ai saisi son gland entre deux doigts pour caresser la tendre chair de son* [redacted] *retroussé*[1]*. »*

Alors les gendarmes auraient compris, dès 2004, qui il était. Ils auraient découvert combien Joël Le Scouarnec se

1. Le langage particulièrement cru de Joël Le Scouarnec dans son journal a été par endroits masqué par l'autrice.

foutait de leurs auditions de trente minutes pour connaître ses numéros de carte bancaire. Ils auraient ressenti dans leur chair combien il les méprisait, eux, la police, les gendarmes, les associations, les bien-pensants de tous ordres prétendant réprimer sa « pédophilie chérie » qui le rendait si heureux. Combien il jouissait de leur impuissance, de leur gêne, de leur manière de faire semblant. Pour lui, les lois n'ont jamais servi que l'hypocrisie ambiante face à la réalité palpable de l'impunité. Il en disserte d'ailleurs dans un fichier nommé « Le Bouclier », et son journal est rempli d'entrées comme celle-ci, qu'Elsa a notée dans un coin de son cahier :

> *« 16 juillet 2002, 23 h 30. Dans ma chambre. En lisant, dans un article d'Ecpat, les lois sur la persécution des pédophiles et l'exploitation sexuelle des enfants, je me suis mis à bander. Alors, j'ai ouvert ma veste de pyjama, baissé mon pantalon et mon slip sur mes chevilles, et je me suis pris en photo. »*

Sachant qu'Ecpat est un réseau d'associations luttant contre l'exploitation sexuelle des enfants présent dans plus de quatre-vingt-dix pays, on peut difficilement douter de ce que ressent Le Scouarnec face au travail de la justice. Il n'a pas peur. Ça l'excite, au contraire.

Mais non, les gendarmes n'ont pas perquisitionné son bureau, ils n'ont pas découvert ses archives, ils n'ont pas exploré le lien entre son activité professionnelle et les agissements dont il était accusé. Tout s'est passé comme s'il n'avait pas de métier, pas de famille, rien. Un homme seul, qui pouvait dire ce qu'il voulait, sans contradiction ni vérification. Une arrestation qui n'arrête rien et confirme plutôt l'idée que ce n'est pas grave de mater du porno mettant en scène des enfants, que *ça* arrive. Officiellement, il y a des lois et des procédures, mais leur objet est traité comme s'il n'existait pas vraiment : sans chair ni inscription dans un contexte, sans témoins ni tentative d'explication, sans victime donc sans agresseur. Un crime possible, mais aussi irréel qu'un mauvais rêve, de ceux dont on libère ses pensées en secouant un peu la tête.

À la découverte du verdict de son procès, le 17 novembre 2005 à 16 h 45, Joël Le Scouarnec fait mine de s'en désoler : « Quatre mois avec sursis ! Cela me condamne à ne pas pouvoir m'abonner pendant au moins cinq mois à des sites pédophiles ! » Il ne doute toutefois pas un instant qu'il recommencera dès que possible. Internet et le reste. D'ailleurs, dès le 21 février 2006, à 8 h 30, soit trois mois exactement après sa condamnation, il repasse à l'acte. À cette date consignée dans son journal, Elsa considère qu'il reprend « ses droits » quand il pénètre dans la chambre d'un « petit garçon timide de 12 ans ». Le 30 mars, il s'attaque à un autre petit garçon de 9 ans dans sa chambre d'hôpital. « Sous prétexte de savoir s'il avait des brûlures en urinant, j'ai baissé son slip. » Mais il se sent un peu tendu, il n'ose pas aller trop loin, il en est très mécontent. Idem le 11 avril, dans la chambre d'un garçonnet de 11 ans, où il se dit condamné à « des gestes dérisoires ». Samedi 10 juin, à 8 h 30, un « mignon petit garçon de 10 ans » subit ses assauts par deux fois dans la matinée, puis une troisième fois le lendemain. Le 14 juillet, Le Scouarnec pénètre dans la chambre d'une fillette de 11 ans, y retourne deux fois le même jour.

Elsa estime qu'il a en effet de quoi retrouver son assurance : non seulement une peine aussi légère constituait en réalité une remise en liberté avec une pichenette pour la forme, mais en plus, elle n'est pas inscrite sur son casier judiciaire ! Ni vu ni connu ! Quelle veine ! Elsa peste. La sentence prononcée reste invisible, y compris aux yeux du conseil de l'Ordre à qui elle n'est pas transmise alors même que c'est une application impérative du Code de la santé publique.

La jeune femme, soudain, est prise d'un doute : cet oubli tombe quand même drôlement bien dans le cas de Le Scouarnec. En 2005, il est praticien contractuel dans un nouvel hôpital où un poste de titulaire est donné vacant, synonyme d'accès au rang de chef de service. Pour obtenir cette promotion, il doit passer un concours qui implique un casier judiciaire vierge, sans quoi il n'aura pas le droit de s'y présenter. Et là, coup de bol ? Aucune trace… Elsa repense au témoignage de Nicole Le Scouarnec. Celle-ci déclare avoir entendu son mari lui assurer en 2005 que son avocat demanderait qu'une éventuelle condamnation ne soit jamais notifiée sur son casier judiciaire « de manière à ne pas altérer ses chances d'avancement professionnel »… C'est même un des seuls souvenirs de Madame sur les suites de cette affaire : que tout irait bien, quoi qu'il arrive.

Dans les faits, cela signifierait que l'invisibilité de la sentence prononcée aurait été volontaire, comme l'absence d'obligations assorties… C'est impossible, se répète Elsa, et pourtant… Ce serait comme si la justice avait voulu l'épargner, gênée d'avoir mis la main sur ses petits secrets et de l'avoir obligé à comparaître au motif d'un simple moment d'égarement… Comme si elle s'était interdit d'en rajouter ? S'accorder avec l'avocat ? Mais bien sûr, maître, nous comprenons bien, c'est un médecin, un homme qui œuvre pour l'intérêt général, nous ne voudrions pas l'embarrasser…

Impossible ! Et quand bien même ça le serait, Elsa ne pourra jamais en avoir la preuve, jamais. Un raté peut arriver dans n'importe quel tribunal. La transmission des condamnations est normalement la responsabilité du procureur, mais peut-être est-ce la faute d'un greffier surmené, peut-être même le fruit du hasard au temps des procédures 100 % papier, juste une pochette remplie de quelques feuilles qui a fini dans la mauvaise pile, au mauvais moment…

Reste que, pendant un an et demi, personne n'est tenu au courant de la condamnation de Joël Le Scouarnec, ce qui va lui permettre d'obtenir sa promotion au rang de titulaire et chef de service. Comme si de rien n'était.

Le 5 août à 17 heures, il peut fêter tranquillement son succès dans la chambre d'une fillette d'à peine 10 ans. « Elle n'a pas opposé de résistance », note-t-il dans son journal.

La justice n'est pas plus forte qu'une fillette surprise en plein sommeil. Un mauvais rêve, décidément… La tête d'Elsa reste douloureuse, mais droite.

Ce sentiment d'impunité

- Cette condamnation a-t-elle eu un effet, même minime, sur votre comportement sur le plan sexuel et votre attirance pour les enfants ?
- Globalement, malheureusement non. La sanction était de quatre mois avec sursis et sans injonction de soins. Une fois de plus, je me retrouvais dans ce sentiment d'impunité. Ça n'avait pas été plus loin qu'un sursis. Je n'avais aucune raison de me remettre en question. J'étais tellement bien dans le monde dans lequel je vivais, je n'avais aucune raison d'en sortir.

Extrait de l'audition de Joël Le Scouarnec
devant la juge d'instruction,
le 31 janvier 2022 à 10 h 15.

UNE NIÈCE

Ça commence par des vacances, une grande maison blanche, ancienne, une pièce à gauche, avec un piano, un escalier, et une chambre où elle dormait parfois avec sa sœur[1]. Dans une image qui la traverse de temps en temps, elle doit avoir 5 ans, vers 1989 ou 1990, son oncle Joël est assis face au clavier, elle l'entend encore jouer, elle est maintenant sur ses genoux, peut-être qu'il ne joue plus. Il a la main dans sa culotte. Elle ressent encore la gêne, comme recevant les bisous mouillés d'une vieille grand-mère qui donnent envie de s'essuyer la joue. C'est de l'affection. Comment dire non ?

1. Pour rappel, comme dans le reste de l'ouvrage, le chapitre qui suit est une reconstitution littéraire établie sur la base de faits mis en lumière par le dossier ou déjà rendus publics, les personnages dont il est question ayant refusé de s'exprimer. Des éléments tels que la trajectoire psychologique qui leur est prêtée, la description de certaines scènes ou émotions, relèvent ainsi d'une pure interprétation subjective de l'autrice. Il s'agit, par ce prisme créatif, de cerner les mécanismes universels du déni qui semblent avoir été à l'œuvre et qui permettent de mieux comprendre le déroulé d'affaires comme celle de Joël Le Scouarnec.

Les étés ensuite se confondent, avec les mêmes scènes qui se répètent dans le manoir : les adultes sont dans le jardin, ils rient, loin d'eux, les enfants s'enflamment dans des parties de cache-cache, ils dorment dans le dortoir du grenier. Son oncle a trois fils, une femme aux cheveux rouges, Nicole, qui prépare des orangeades en disant de faire attention à ne pas en mettre partout. Autour de son piano, il y a beaucoup de livres, beaucoup de disques d'opéra. Parfois la porte du salon est fermée et Audrey entend les airs qui résonnent derrière la porte. Joël et Nicole sont riches, beaucoup plus que ses parents, mais ils sont gentils. Audrey sent combien sa mère est fière de son frère, et de sa proposition d'apprendre la musique à ses deux petites filles. Marianne a quatre ans de moins qu'Audrey, elle rejoint parfois leur oncle quand il le demande.

Les années passent, une autre maison, neuve cette fois, une chambre où elle dort avec sa sœur. Ça doit être à Vannes. Il fait nuit, dans un grand lit, sa sœur ronflote à ses côtés quand Audrey est réveillée par des flashs. Elle ne dit rien, embuée par le sommeil, sans remarquer sa chemise de nuit relevée. Elle sait que c'est lui, il prend des photos, mais c'est normal, il prend toujours beaucoup de photos, le jour aussi. Elle se rendort. Au matin, elle lui parle des flashs, demande si elle pourra voir les photos. Il lui dit qu'elle a dû rêver, que c'était une tempête, elle doit avoir 9 ans et s'imagine un orage. Quand elle sort dans le jardin, la terre est sèche, Marianne lui prend la main et l'entraîne pour jouer. L'herbe est grasse sous ses pieds.

Plus tard, chez ses grands-parents, dans leur pavillon en banlieue parisienne. Même quand Joël ne parle pas, on l'écoute. On sent que c'est son avis qui compte. Ses grands-parents comme sa mère ne cessent de dire combien il est intelligent, comme il a réussi, comme il est de bon conseil. Quand Thierry est là, ça se voit encore plus, on dirait son médecin plus que son frère. C'est Joël le chef de famille, qui tient la vie de chacun entre ses mains à coups d'ordonnances. Quand ils mangent tous ensemble, c'est toujours le plat favori de Joël qui est servi : du poulet aux hormones ! Et ça fait rire l'assemblée à chaque fois, de rappeler comment il s'entraînait adolescent à découper les carcasses pour devenir chirurgien. Ils aiment dire qu'il ne change pas et que c'est rassurant, Audrey ne comprend pas bien pourquoi. Dans la voiture en rentrant, son père dit souvent que c'est marrant qu'il s'habille aussi mal, pour un chirurgien, mais que c'est peut-être ça qui le rend si sympathique.

1998. L'accident. Le coma. Papa est mort. Audrey a 13 ans. Monique, sa mère, s'enfonce dans la tristesse. La fille compense, cuisine, accompagne sa petite sœur Marianne à l'école, surveille ses devoirs.

Un an plus tard, vers 1999. Elle est avec sa sœur, dans sa chambre, avant de partir pour un repas chez ses grands-parents. Il y aura Joël. Marianne est agitée. Elle a 9 ans et ça arrive souvent. Elle annonce soudain à Audrey qu'elle ne veut pas « y aller ». Audrey lui demande pourquoi. Marianne explique qu'elle ne veut plus voir leur oncle

Joël. La petite fille dit qu'il lui fait des choses bizarres, qu'elle se sent mal à l'aise mais qu'elle sait qu'il est docteur, qu'elle ne sait pas si c'est normal. Lui affirme que c'est pour «l'ausculter». Audrey comprend tout de suite. Elle lui demande où il la touche. Marianne montre son sexe, il lui fait des bisous là, il lui enlève tous ses vêtements et il la prend en photo. Audrey est terrifiée, un piano gronde dans sa tête, des éclairs traversent sa mémoire mais elle sait se contrôler. La pensée de sa sœur entre les mains de son oncle la rend même plus lucide que jamais. Elle répond à Marianne que ce n'est pas normal, que même les docteurs n'ont pas le droit de faire ça, qu'il faut en parler tout de suite à leur mère. La fillette lutte. Elle ne veut pas faire de mal à Joël parce qu'il est «gentil» et que «tout le monde l'aime». Elle pense qu'elle sera grondée si elle dit des choses «méchantes». Audrey est inflexible; guidée par son instinct, elle attrape sa sœur par les épaules, la conduit face à leur mère qui se repose dans sa chambre. L'adolescente caresse la joue de sa sœur et demande à Marianne de raconter ce qu'elle vient de lui confier, tout en exigeant l'attention de leur mère, «c'est important». Celle-ci les regarde avec des yeux rougis qu'Audrey ne lui connaît que trop bien, mais elle semble à l'écoute. Marianne bafouille. «Je ne sais pas si c'est normal ou pas, mais…» Elle hésite encore puis raconte, encouragée par l'étreinte de sa sœur. L'horreur se dessine sur le visage de Monique, recouvrant sa peine. Elle lui demande de répéter. Quand Marianne termine, sa mère semble atterrée mais elle lui dit qu'elle la croit, que ce n'est pas bien ce que Joël lui a fait, qu'Audrey a raison, que «c'est important». Dans un même souffle, elle demande à Marianne si elle veut « porter plainte ». Marianne ne comprend pas. Cela signifie « en parler à la police ». Mais pourquoi ? Il va aller en prison ? À cause d'elle ? Marianne ne veut pas. Surtout, elle ne comprend pas. Audrey non plus, bloquée par la perspective de conséquences qu'elle n'a pas anticipées, dont elle ne maîtrise pas le sens. La police ? La prison ? Leur mère n'insiste pas. Audrey reste impuissante. Monique affirme qu'il faut quand même aller au repas, qu'elle va parler à son frère. Audrey proteste et la supplie d'y aller sans elles. Mais sa mère tient bon, plus déterminée que jamais, comme elle ne l'était plus depuis des mois. Audrey se résigne : comment savoir si ce n'est pas la meilleure chose à faire ?

Aucun souvenir du repas qui suit. Audrey ne revoit que la voiture qui démarre, sa mère au volant avec son oncle sur le siège passager. Audrey les regarde s'éloigner.

Le soir, sa mère revient seule. Elle leur révèle que Joël a reconnu s'être mal comporté. Que c'est une maladie. Qu'il va se soigner. Qu'elle a confiance en lui et qu'il ne recommencera plus jamais. Marianne joue avec ses mains, sans oser regarder leur mère, ni même sa grande sœur. Audrey fixe au contraire le visage de Monique sans parvenir à discerner les émotions qui s'y bousculent. L'adolescente ne pense pas à elle, ni au piano : il n'y a que Marianne qui compte à cet instant. Elle se laisse gagner par l'assurance que le plus dur est passé, que sa sœur désormais sera protégée, parce que c'est le rôle des mères de protéger leurs enfants.

Elle s'en convainc jusqu'à ce que Monique invite Joël à son anniversaire, six mois plus tard. Audrey se sent trahie, renvoyée avec sa sœur au cœur de la menace, comme si de rien n'était. Elle proteste, accuse sa mère de lâcheté, de leur avoir menti. Mais Monique refuse de l'écouter. Elle parle d'aider Joël, qu'il ne recommencera plus, qu'elles n'ont rien à craindre, qu'il faut lui laisser une chance. Audrey résiste mais n'a aucun poids. La porte de leur appartement s'ouvre, cheveux rouges et crâne chauve : bonjour Nicole ! Bonjour Joël ! La bise. Les filles se tiennent à distance de leur oncle.

Ensuite, à chaque fois que leur mère oblige Marianne et Audrey à côtoyer son frère, c'est la même histoire : elles se disputent avant, les filles refusent de voir Joël, la mère insiste et les enfants plient. La mère et ses deux filles s'affrontent ainsi souvent, ouvertement, autour de ce qu'il s'est passé, même si Monique semble aujourd'hui n'en garder aucun souvenir. Mais pour Audrey, ce n'est pas tabou, au contraire, c'est comme un fond sonore. La seule chose qu'elle a obtenue, c'est qu'il n'y ait plus de vacances en Bretagne. Cependant, Monique exige la présence de ses deux filles lors des repas de famille « importants ». Elle soutient alors que c'est ce qu'il faut faire, qu'elle ne peut pas abandonner son frère, qu'il faut avoir confiance. Elle affirme aussi que Nicole est au courant, qu'il n'y a pas de secret, qu'il est soigné. Audrey a le sentiment qu'elle n'ose pas dire que ses filles pourraient quand même tourner la page, et qu'on ne peut pas changer le passé, qu'il faudrait pardonner. C'est peut-être ce qui rend à ses yeux la position de sa mère inacceptable : elle place son frère avant ses filles. Elles ne demandent pourtant rien d'autre que de ne plus voir l'homme qui a attaqué Marianne et qui le reconnaît.

Mais si l'adolescente se cabre, elle ploie aussi de manière systématique, tiraillée entre son amour pour sa mère et la colère qu'elle lui inspire, incapable de lui dire non comme de lui accorder son pardon.

Audrey se replie sur elle-même. Quelques souvenirs des nuits dans la grande maison blanche remontent parfois, mais ils repartent aussi vite et elle les évoque à peine. Elle ne pense qu'à sa sœur, souffre encore de l'avoir laissée répondre aux invitations de leur oncle, se dit qu'elle aurait dû l'empêcher. Elle réfléchit à ce qui a rendu possible les agressions, aux sorties qu'elle faisait en Bretagne avec sa mère et Nicole pour aller faire des courses, à Marianne qui restait alors seule avec Joël. Ça devait se passer dans ces moments-là. Elle ne dort pas la nuit à l'approche des réunions avec son oncle. Elle s'en veut. Elle se griffe parfois le corps pour s'encourager à être plus forte, à défier Monique, à refuser. Elle n'y arrive pas. La pitié prend le dessus, l'amour qu'elle ressent et la loyauté qu'elle doit à sa mère. Elle la sent encore fragile, elle ne peut envisager de la trahir, elle se dit que c'est son rôle de la soutenir. Audrey se griffe pour tenir, mais là où ça ne se voit pas.

Avec le temps, Marianne est de plus en plus rebelle. Audrey se croit toujours responsable de son insécurité qui grandit avec l'adolescence. Un jour, ça doit être en 2001 ou 2002, Audrey a 16 ou 17 ans, sa sœur 12 ou 13 ans. Elles déjeunent avec leur mère chez leurs grands-parents mais Marianne ne veut pas venir à table. Son grand-père, Georges, commence alors à critiquer sa petite-fille, à dire combien il la trouve difficile, pas assez polie, pas assez

« gentille ». Monique reste silencieuse, laissant son père l'abreuver de conseils de bonne éducation, alors que Marianne arrive à table. Audrey explose, interpelle sa mère : la bonne éducation, comme celle de Joël ? Il faut leur dire ce que ça donne, puisque ce n'est pas un secret ! Monique hésite, prise au piège, cherchant un instant l'issue en baissant les yeux. Puis elle se redresse et obtempère : c'est à propos de Joël et de ce qu'il a fait à Marianne. Audrey est en larmes. Sa grand-mère tripote son assiette. Le visage du grand-père se contracte, ses rides figées dans un masque impassible. Voilà, conclut Monique, qui a raconté ce qu'elle sait et ce que Joël a confirmé, même si elle a évité de donner trop de détails et insisté sur la volonté de son frère de se soigner. Les grands-parents ne posent aucune question, rien. Georges fixe sa fille, pas un instant Audrey, ni Marianne. Après un silence bien trop long, il lâche : « Il n'y a pas mort d'homme non plus. »

Marianne s'enfuit dans leur chambre. Audrey rétrécit sur sa chaise, écrasée. Tout ce qu'elle voit alors, c'est qu'elle et sa sœur ne comptent pas, qu'elles n'existent pas, qu'elles ne sont que des gamines mal élevées qui se plaignent de ce qui n'est pas même un crime. Elle cherche le soutien de sa mère mais celle-ci l'évite, le dos courbé, on dirait qu'elle a à nouveau 10 ans. Une petite fille réprimandée qui regarde ses pieds.

La leçon reçue est si claire qu'elle s'inscrit dans leur chair. Un jugement est tombé, sans appel possible. Elles doivent se taire. C'est comme ça.

Audrey considère ces trois adultes autour d'un plat de pâtes désormais froid. À cet instant précis, ils ne lui inspirent que du mépris, du dégoût. Sa grand-mère l'interpelle : on va manger quand même, non ? Une vague de haine lui monte aux lèvres, elle pourrait la frapper, mais c'est trop effrayant, trop déstabilisant, même du haut de ses 16 ans. Elle ravale l'impensable. Je n'ai plus faim, mamie, merci.

Ce sont des lâches, tous des lâches, songe Audrey qui sculpte sa froideur avant de rejoindre sa sœur.

Deux ans plus tard, en 2004, Audrey a 19 ans. Joël est arrêté pour consultations de fichiers pédopornographiques. C'est sa mère qui prévient ses deux filles, suite à un appel de Nicole, encore elle. Audrey n'est pas étonnée, ne voit pas pourquoi quelqu'un le serait, puisque tout le monde sait depuis longtemps quel est le « problème ». Nicole la première. Elle tombe plutôt dans le sarcasme : il s'est bien soigné, pas vrai, maman ? Pourquoi tu me dis ça puisque personne ne fera rien ? C'est sa manière de faire désormais avec sa mère : Audrey ne peut s'empêcher de la piquer par ses mots, de viser le sang, pour tenter de provoquer sa conscience. Mais elle ne va jamais au bout, arrêtée par la détresse qu'elle ressent chez Monique. Que peut une fille contre sa mère ? Lui dire, tu nous as abandonnées, alors à mon tour, je t'abandonne ? Audrey finit toujours par consoler Monique, éternelle gagnante dans la bataille du chagrin, impossible à tuer.

Dans le fond, elle se sent triste elle aussi, surtout pour ses cousins, qu'elle aime bien même si elle ne les voit plus. Elle s'est convaincue que Joël ne pouvait s'en prendre qu'à des petites filles mais elle imagine la douleur de découvrir la perversité d'un père. Apparemment, ils sont au courant désormais, Sébastien ayant assisté à l'arrestation de son père, et Nicole aurait prévenu Alban, l'aîné des trois garçons. Peut-être que le seul à ne pas savoir est le plus jeune de ses fils, Stephan. Nicole a supplié Monique de ne rien lui dire. Il faut aussi préserver l'oncle Thierry. Mais peu importe, il n'y a pas de risque de leur révéler quoi que ce soit, Audrey et Marianne ne se rendent quasiment plus dans les réunions de famille. Dans les semaines qui suivent, Audrey apprend par sa mère que Joël et Nicole se sont séparés mais personne ne le dit, ils viennent toujours ensemble dans les grandes occasions, sans en parler. Comme tout le monde fait semblant, c'est facile de les imiter : on se dit bonjour et on se donne des nouvelles sans jamais s'approcher de la vérité. Chacun joue son petit rôle habituel. Les apparences, rien que les apparences, c'est la règle. Audrey ne sait même pas si Joël est condamné. De toute manière ça ne change rien, il continue à mener sa vie comme il le souhaite, et chacun autour s'en accommode. Il travaille à l'hôpital public. La justice sait qui il est, elle non plus ne fait rien, ses fils n'ont apparemment rien à lui reprocher. C'est comme ça. Il ne faut plus y penser.

Audrey a choisi des études pour devenir enseignante. Marianne réussit son bac avec brio et se tourne vers les sciences. Ses résultats sont excellents. Elle est brillante. La fierté que ressent Audrey en observant sa sœur apaise parfois sa culpabilité d'enfant. Marianne est en couple, elle lui dit qu'elle va bien. Audrey ne peut toutefois s'empêcher de se demander si ça ne va pas basculer, si sa sœur n'est pas dans le déni, si elle ne refoule pas des souvenirs qui viendront un jour la submerger. Alors au cas où, elle l'observe, prête à colmater la moindre brèche. Audrey construit aussi sa vie amoureuse mais une part d'elle demeure sur le qui-vive, pour sa sœur comme pour les enfants dont elle a désormais la charge en tant qu'enseignante : et si ça leur arrivait, à eux aussi ? Et si personne ne les écoutait, eux non plus ? Rongée par l'angoisse, elle décide d'entamer une thérapie pour surmonter ses peurs.

Mars 2016. Sa mère lui dit qu'elle a « un secret », qu'elle ne peut plus le garder pour elle. Audrey pense tout de suite à Joël. Mais c'est à propos de son grand-père, Georges. Il aurait abusé sexuellement de Sébastien, un des fils de Joël. C'est Nicole qui en a parlé à Monique, il y a plusieurs années déjà. Pressée de questions, Monique pense qu'elle doit être au courant depuis quatre ans « maximum ». Maximum ? Audrey est d'abord abasourdie. Sébastien, abîmé lui aussi dans sa chair, comme sa sœur, et comme elle, maintenu dans le cercle des apparences, alors que sa propre mère est au courant ? Elle sait qu'il se rend encore régulièrement au chevet de son grand-père, surtout depuis la mort de leur grand-mère. Et qu'il était là pour ses 90 ans, comme Audrey et Marianne. C'était l'année dernière. Son grand-père.

La psychologue d'Audrey l'aide alors énormément. Les séances qui suivent la révélation sur Georges Le Scouarnec sont intenses, bouleversantes. Face aux assauts de sa culpabilité sourde et insidieuse qui lui susurre plus que jamais qu'elle aurait dû crier plus fort, affronter sa mère et jeter la pomme pourrie au lieu de la déguster en dessert à chaque anniversaire, qu'elle aurait pu ainsi sauver sa sœur mais aussi son cousin, elle réalise combien ces choix n'étaient pas en réalité les siens. Combien ce sont les adultes qui décident de ce qui est précieux, ou de ce qui ne l'est pas. Ce sont eux qui savent s'il faut ou non porter plainte. Elle commence à saisir comment se construit l'interdit, la normalité, ce qui entraîne ou non la condamnation. Pourquoi et comment. Comment se dessine un monde dans lequel les générations s'unissent pour bâtir des murs infranchissables. La reproduction non pas du silence, mais du nœud coulissant autour de la parole pour que règnent les agresseurs. De père en fils. À tous les coups Joël a été violé enfant, peut-être que sa mère aussi ? Monique assure que non, que son père a toujours été parfait avec elle comme avec Joël. Mais Audrey ne la croit plus depuis longtemps. Ne l'écoute plus. Ne sait même pas pourquoi sa mère lui raconte tout ça, si elle n'espère pas au fond que sa fille prendra les décisions à sa place, et pourquoi pas règlera ses comptes avec son propre père. Mais alors qui sera la mère ? Qui sera la fille ?

Audrey bute sans cesse sur la souffrance que monopolise sa mère depuis des années. Bien que consciente de l'inversion des rôles qui s'est jouée entre elles depuis la mort de son père, Audrey reste prise dans un tissage infernal mêlant l'amour à la rancœur, la pitié et la colère. Elle ne peut lui retirer complètement sa loyauté ni s'empêcher de souffrir à la perspective de lui faire du mal. Alors elle finit par se taire, seul moyen de protéger sa mère.

C'est peut-être ce dilemme qui déplace sa colère et son désir de vengeance, parfois même sa haine, vers Nicole. Parce qu'elle ne doit rien à la femme de Joël, la détester lui apporte un certain soulagement. Elle la considérait auparavant un peu comme une victime, la pauvre femme qui se retrouve avec un mari *comme ça* et tente par tous les moyens de le faire soigner. Mais Audrey n'a plus aucune illusion sur les soi-disant « soins » reçus par son oncle, aucune pitié pour les apparences entretenues par Nicole, et encore moins pour ses mensonges avérés. Sa tante vit toujours dans la maison de Joël, sans avoir d'emploi ni aucun revenu par elle-même. À ses yeux, elle profite de l'argent de celui dont elle ne divorce pas, incapable de protéger ses propres enfants, livrés à une lignée de prédateurs sans qu'elle n'y fasse rien. Pour Audrey, elle est complice.

Quand la colère retombe, grâce au fil tendu par ses séances de psy, la jeune femme considère peu à peu sa famille comme un tout, un cercle qui ne tourne rond que par le partage du secret. Chacun de ses membres est ainsi lié, d'une manière ou d'une autre, et c'est même à ça qu'ils se reconnaissent entre eux, qu'ils se tiennent ensemble, se renforcent et se soudent les uns aux autres. Le partage de la violence intime, des actes comme du secret, définit le cercle des « proches ». Il n'y a pas d'extérieur, de recours ou de plainte possible, c'est une histoire de famille. Cela n'empêche donc pas de parler, de se confier, du moment que ça ne sort pas de l'entre-soi. Cette possibilité n'est même pas évoquée, ou à peine, car la menace d'explosion est bien réelle, insidieuse et constante, connue de tous. Cette pourriture et la capacité à la garder pour soi, c'est la preuve qu'on «en est», qu'on fait partie du socle et qu'on ne finira pas seule et perdue, sans lignée fondatrice. Grâce à *ça*, chacun trouve son rôle. Le secret est la preuve que la famille fonctionne, et non l'inverse. Il démontre l'immunité de l'organisme face à «la maladie». L'absence de plainte révèle que la famille existe, qu'elle est en forme, qu'elle tient ses membres et refoule ses microbes à coups d'anticorps.

Audrey évoque ses réflexions avec Marianne, même si celle-ci préfère se tenir loin des psychologues, pour ne pas trop remuer son passé. C'est ainsi qu'elles décident ensemble de rompre les liens avec leur famille du côté maternel, sans se résoudre à se couper de leur mère. C'est trop dur. Monique ne le supporterait pas, les deux jeunes femmes non plus.

Mai 2017. Monique la prévient : Joël vient d'être arrêté. Audrey croit d'abord que c'est à nouveau pour consultations de fichiers pédopornographiques, comme en 2004. Mais sa mère, qui en a parlé avec Nicole, lui dit que cette fois, c'est plus grave, qu'il a agressé une petite fille de 6 ans, et que les parents ont porté plainte.

Audrey absorbe le coup et ressent soudain une forme de soulagement. Une libération, aussi terrifiante soit-elle. *Ça* s'est donc passé à l'extérieur. La pourriture s'est déversée en dehors de la famille. Fini l'entre-soi, le cloaque, le vase clos… Audrey a du mal à le formuler d'abord, mais cette agression lui apparaît comme un signe : son oncle a enfin commis une erreur, il est sorti du cercle intime de l'impunité, il le payera. Alors merci. Merci aux parents de cette enfant d'avoir eu le courage de porter plainte. Merci à eux d'avoir fait ce que sa mère aurait dû faire vingt ans auparavant.

Audrey est entendue par la gendarmerie en juillet 2017. Elle a dû se déplacer jusqu'à Jonzac. Elle est reçue par une femme gendarme, Elsa Maurin, qui lui inspire confiance par ses premiers mots. «Je suis à votre écoute.» Audrey lui raconte alors l'histoire d'une traite: celle de sa sœur, de sa mère, de son grand-père et de Sébastien. Tout ce qui était dit sans être entendu. Elle confie qu'elle ne veut rien de plus, seulement que son oncle soit enfermé et qu'il ne ressorte jamais. Que la peine éclate au grand jour. Audrey déborde d'attentes. Elle demande alors à Elsa de ne pas s'en tenir à Joël, mais d'aller chercher tous ceux qui savaient et qui n'ont rien tenté. Audrey ne vise toujours pas sa mère, mais Nicole, qui demeure à ses yeux la gardienne des secrets de Joël. C'est la clé de votre enquête, dit Audrey à l'enquêtrice.

Elsa a cependant besoin de quelques détails. Elle sait que c'est difficile, mais elle demande à Audrey de revenir sur ce qu'elle a subi elle-même enfant, sur les souvenirs qu'elle n'a évoqués que rapidement. La jeune femme se montre soudain plus timide. Le regard d'Elsa, bienveillant, l'encourage en silence, pourtant Audrey ne parvient pas à franchir le mur de sa conscience. La grande maison blanche, le piano, les flashs la nuit. Elle assure qu'elle ne se souvient pas d'avoir été violée, qu'il n'y a eu que des attouchements, «rien de plus». Elle pense qu'elle comptait parmi ses premières victimes, qu'il a pris confiance après elle, avec sa sœur. Il a fait à Marianne ce qu'il n'a pas osé lui faire à elle. Audrey, pour en finir, en revient toujours à Marianne.

Elle décide quand même de porter plainte pour agression sexuelle, même si elle risque la prescription. Elsa lui assure qu'elle sera tenue au courant de la suite de la procédure. Audrey la remercie.

Dans les mois qui suivent, aucune nouvelle d'Elsa, Audrey s'inquiète, imaginant le retrait de la plainte des parents de la petite fille et l'écrasement de l'affaire dans ses silences. Ou encore le risque de la prescription pour ce qui les concerne, elle et sa sœur ? Mais on les aurait alors tenues au courant, non ? Et si ce n'est pas le cas, pourquoi ne sont-elles pas entendues par le juge d'instruction ? Elles s'interrogent sur les scénarios probables, dissèquent les informations communiquées par leur mère qui reste en contact avec Nicole : Joël est en prison. Il y aurait apparemment d'autres victimes mais ce n'est pas clair. C'est pour ça que ça prend du temps. Audrey sent combien Monique voudrait aller voir son frère en prison, mais elle l'a prévenue : si tu y vas, tu ne me reverras jamais, Marianne non plus.

Deux ans passent. Audrey est enceinte quand une lettre arrive, annonçant de but en blanc qu'un procès va avoir lieu. Elle est invitée à se constituer partie civile suite à sa plainte déposée en juillet 2017. Elle attrape son téléphone : Marianne, toi aussi ? Sa petite sœur lui confirme avoir reçu la même lettre. Il leur faut alors trouver un avocat, elles n'ont aucune idée de ce que recouvre la procédure.

Fin juin 2019. Elles ont choisi leur avocate après une recherche internet confirmant qu'elle s'y connaissait en violences sexuelles. Le rendez-vous arrive, dans le sud de Paris. Audrey entre dans le bureau de Dominique Derieux en tenant sa sœur par l'épaule, un peu à la manière dont elle l'avait poussée devant leur mère presque vingt ans auparavant. Elles exposent leur cas rapidement. L'avocate en retour se dit stupéfaite de l'absence de contact avec le juge d'instruction et démunie face à un dossier dont elle n'a jamais entendu parler. Elle accepte a priori de les représenter mais prévient que, ne sachant pas exactement dans quel contexte, elle espère correspondre à leurs besoins une fois qu'elle en saura plus. Elle doit entamer les démarches pour la constitution de partie civile afin de récupérer les pièces de la procédure au tribunal de Saintes. Elle les tiendra au courant.

Deux semaines plus tard, SMS de Maître Derieux : elle vient de recevoir cent trente-cinq mille pages réparties sur deux CD-Roms. Elle va y passer l'été, mais elle les verra à la rentrée pour en parler. Les deux sœurs n'y comprennent rien. Cent trente-cinq mille pages ? Mais sur quoi ? Sur qui ?

Septembre 2019. Le ventre d'Audrey grossit, elle est enceinte de huit mois déjà, l'heure est venue de retourner chez son avocate.

L'été ne quitte pas septembre. Audrey et Marianne entrent dans le bureau de Maître Derieux en début d'après-midi, la chaleur un temps dissipée par l'air climatisé. L'avocate a la mine plus grave que lors de leur dernière entrevue. Elle est à peine bronzée, en tout cas bien moins que son assistante, peut-être n'est-elle pas partie en vacances. Elle leur annonce d'emblée que c'est plus compliqué que prévu. Le dossier est colossal, on parle de centaines de victimes, dans la sphère privée de leur oncle comme dans le cadre de son exercice professionnel, en tant que médecin. Elle n'a jamais vu ça. Elle parle d'un journal tenu par Joël Le Scouarnec pendant plus de vingt-cinq ans, dans lequel il recense tous ses crimes dans le détail. Il a pris aussi des milliers de photos. Elle se tait un instant, observe les deux jeunes femmes, comme pour vérifier qu'elles vont tenir le coup. La grossesse avancée d'Audrey lui fait terriblement peur, mais les jeunes femmes semblent prêtes à encaisser. Elles ont seulement l'air sonné. Tant de questions sont possibles, comment en formuler une seule ?

L'avocate indique alors qu'elle les a retrouvées dans les archives. Toutes les deux. Ce qu'il leur a fait est prouvé, mais c'est bien plus dur que ce que leur mémoire avait supporté jusqu'ici. « Dans votre cas, Audrey, nous parlons de viols répétés. » Le cœur du bébé remplace un instant celui de sa mère.

Maître Derieux poursuit : elle a beaucoup réfléchi, elle aimerait les épargner mais c'est impossible d'envisager le procès si elles ne connaissent pas la vérité. Elle a trié les images et les textes de leur oncle les concernant. Elle les laisse décider si elles souhaitent poursuivre, mais il leur faudra alors accepter de tout regarder. Sont-elles prêtes ?

Audrey et Marianne disent simplement « oui ».

L'avocate sort du bureau.

Les deux sœurs s'installent devant l'ordinateur, collées l'une à l'autre, Marianne à la droite d'Audrey, la main posée sur la souris. On y va ? On sait que ça va être moche alors on respire bien fort. Audrey acquiesce, consciente qu'à cet instant, sa sœur se montre bien plus vaillante qu'elle, mais elle est à peine capable de bouger, ses forces tout entières rassemblées pour accepter de plonger.

Les images surgissent, d'abord celles concernant Marianne. Elles se tiennent le plus loin possible de l'écran, comme pour éviter les coups. Marianne accélère les clics, lâche de temps en temps des « putain, mais quel pervers ». Audrey a la tête qui tourne, ne peut desserrer les lèvres. Il y a des centaines de fichiers et bientôt plus de mots possibles entre elles, uniquement leurs deux mains nouées.

Marianne en vient alors aux éléments concernant Audrey. Un corps de petite fille de 5 ou 6 ans apparaît, capturé par morceaux, le plus souvent sans sa tête. Audrey ne se reconnaît pas. Abrutie par ce défilé monstrueux, elle considère en étrangère chacune des photos, attrape quelques détails comme on saisit les bribes d'un paysage depuis la fenêtre d'un train. Des cheveux blonds, une peau rose, la chemise de nuit avec des nuages bleu-gris. Ce n'est pas elle. Audrey commence à trembler un peu, un bourdonnement mat s'empare de ses tempes, puis de ses membres.

La nausée. Audrey tente de l'arrêter. Ce n'est pas elle. Elle pense qu'elle va s'évanouir, qu'elle n'entend plus rien, pas même sa sœur qui murmure qu'elle est désolée. La nausée. Elle se concentre sur sa respiration mais, au lieu de souffler, c'est un râle qu'elle laisse s'échapper. Marianne s'affole : tu veux qu'on arrête ? Audrey recule sur sa chaise, s'enfuit en elle-même, pense à son enfant : ne t'inquiète pas, ce n'est pas moi. Elle a maintenant les deux mains posées sur son ventre, l'estomac renversé, le souffle court, elle ne sait plus comment tenir quand le bébé se met à frapper. Elle le supplie d'arrêter. Pas maintenant, pas maintenant. Marianne est terrorisée : des contractions ?

Pas maintenant. Pas face à *ça*. Audrey se force, de tout son être va chercher la respiration pour desserrer l'étreinte insupportable. Pardonne-moi. Je t'en supplie.

Mais tu as raison.

Tu as raison.

C'est moi.

Ces mots prononcés dans son for intérieur arrachent d'invisibles sutures. La plaie déverse ses larmes. Marianne se déploie au-dessus d'elle, colle sa tête contre la sienne, leurs joues trempées pressées l'une contre l'autre, si proches encore de la mort que, les yeux fermés, elles s'attendent à la revoir ensemble.

Dans l'entrelacs de leurs bras, les spasmes s'éloignent, le corps d'Audrey se relâche tout doucement.

Pardon, murmure-t-elle encore à son enfant.

La déferlante passée, elles se tiennent là encore un long moment, silencieuses, tombées au sol sans l'avoir remarqué. Elles s'étreignent plus fort encore, comprimant leurs deux corps comme pour en éprouver la résistance, jusqu'à pouvoir se relever ensemble.

L'avocate frappe à la porte. En revenant jusqu'à son bureau, sans faire de bruit tant l'air est encore suspendu à la lisière, elle est rassurée de les retrouver là, pâles mais vivantes, étrangement calmes derrière leurs yeux brillants.

Souhaitez-vous toujours vous constituer parties civiles ?

Oui, répondent les deux femmes.

L'avocate est émue mais prévient : ce sera un combat. Joël Le Scouarnec ne reconnaît les faits qu'a minima et la justice des crimes sexuels n'aime que les aveux. Se tournant vers Audrey : je ne comprends pas comment l'instruction a pu passer à côté des viols que vous avez subis. Ils ont dû être débordés par l'ampleur du dossier mais je vais tout faire pour requalifier les faits.

Merci, répond encore Audrey.

J'en suis très heureux

« Dans les toilettes à Lorient. Tout en fumant ma cigarette du matin, j'ai réfléchi au fait que je suis un grand pervers. Je suis à la fois exhibitionniste - j'aime montrer mon sexe en public - voyeur - j'aime observer les gens à leur insu dans leur plus stricte intimité - sadique - j'aime infliger des supplices aux gens - masochiste - j'aime avoir mal au cours d'un acte sexuel - scatologique - j'aime boire de l'urine et lécher du [redacted] - fétichiste - j'aime renifler la [redacted] dans les petites culottes - pédophile - j'aime lécher la [redacted] des petites filles et la [redacted] des petits garçons. Et j'en suis très heureux[1]. »

Extrait du journal intime de Joël Le Scouarnec,
14 avril 2004 à 8 h 15.

---

1. Le langage particulièrement cru de Joël Le Scouarnec dans son journal a été par endroits masqué par l'autrice.

UN HÔPITAL

Fils de fonctionnaire aux PTT, Hervé Lemas est le premier médecin de sa famille. Parce qu'il aimait les sciences naturelles, parce qu'il a bénéficié aussi d'une époque propice aux transfuges de classe, au début des années 1970. En 1971, un nouvel internat de médecine s'est en effet ouvert à Brest, cinq ans après la création d'une spécialité tout aussi neuve qu'encline à faire de la place : l'anesthésie-réanimation. Dans cette branche qui venait professionnaliser les tâches jusque-là attribuées à des infirmières spécialisées, il pouvait saisir une chance que les mandarins considéraient avec mépris. Hervé l'a fait, sans hésiter ni compter ses heures.

La suite s'est enchaînée comme un destin. Un soir de février 1978, alors qu'il terminait tout juste son internat à Brest, son chef de service l'a convoqué : l'hôpital de Quimperlé était en rade de plusieurs praticiens, il lui fallait un renfort. Hervé a grimpé dans sa voiture et filé vers le petit établissement, à cent quatorze kilomètres de là. Sur place, il n'y avait pas d'urgences ni de véritable service de réanimation. Des médecins de garde faisaient le tri des patients, envoyant à Lorient les cas les plus graves, s'ils ne mouraient pas avant. Dès son arrivée, Hervé s'est retrouvé seul à l'entrée, en charge des accidents de la nuit sans ceinture de sécurité. Onze personnes sont décédées entre ses mains entre février et juin 1978. Il s'en souviendra toujours. Hervé a alors éprouvé intimement la détresse d'un hôpital en manque d'effectifs, trop proche et trop loin du grand centre hospitalier voisin. Il s'est convaincu sans mal qu'il serait utile ici.

L'hiver qu'il devait passer à Quimperlé s'est transformé en été, puis en années. Il s'est rapidement employé à la création d'un véritable service des urgences. Le directeur de l'établissement était ouvert à ses propositions, les postes créés ont été pourvus, avec de jeunes internes emballés par l'énergie déployée au sein du petit établissement. Cela lui a pris dix ans, mais en 1990, un service des urgences flambant neuf a été inauguré à Quimperlé, avec un bâtiment dédié, dirigé par ses soins.

Le sentiment de victoire s'est révélé bref pour Hervé. Crise économique et « nouvelle gestion publique » sont venues contrecarrer sa vision de l'hôpital de proximité. L'heure était à chasser les dépenses inutiles en fusionnant les services qui ne pouvaient pas être fermés, et les petites structures comme celle de Quimperlé se trouvaient directement visées par le vortex gestionnaire. La rentabilité de la maternité était en particulier scrutée. Les pouvoirs publics se montraient désireux de concentrer les accouchements dans les établissements les mieux équipés, disposant de services d'urgence, de chirurgie et de réanimation, « pour des raisons de sécurité », disaient-ils. Même si Quimperlé disposait de tout ça, cinq cents bébés par an, ce n'était pas suffisant à leurs yeux pour justifier du maintien de quatre spécialités alors que les nourrissons pouvaient très bien naître un peu plus loin, à Lorient. Ils n'attendaient qu'un prétexte pour demander la fermeture. Hervé le savait, mais il était aussi prêt à se battre pour l'empêcher, par tous les moyens.

Il s'est donc engagé en politique. Socialiste dans l'âme, conseiller municipal depuis 1989, il a décidé de briguer le poste de maire en 2001, alors même qu'un départ massif de praticiens était annoncé dans son hôpital, désormais considéré comme en sursis. Hervé a été élu maire. Toujours médecin, pompier volontaire aussi, il ne semblait pas avoir assez d'une vie pour répondre aux urgences qui se sont dès lors accumulées autour de lui. Comme autant de corps convulsés, trois grosses usines autour de Quimperlé annonçaient des licenciements en masse, le chômage léchait les rives de sa ville tranquille, l'anesthésiste alternait donc massages cardiaques et plans de sauvetage industriels, sans garantie de succès.

Le combat était constant. L'agence régionale de l'hospitalisation (ARH) revenait régulièrement à la charge sur la maternité, mais Hervé pouvait compter sur le soutien du directeur de l'établissement, Gérard Leblanc. Hervé maintenait à dessein avec lui des liens solides qui résistaient jusque-là fermement aux assauts. Mais dans son dos, les troupes hospitalières n'étaient pas toutes au diapason de la résistance. Non seulement de nombreux médecins avaient quitté le navire par crainte de se noyer avec, mais d'autres en profitaient aussi pour nourrir leurs ambitions personnelles. Cela agaçait profondément Hervé, qui déployait d'autant plus d'énergie à sauvegarder les effectifs des services clés pour le maintien de la maternité. L'autorité régionale de santé ne lui pardonnerait pas un poste vacant, en particulier en chirurgie.

En 2004, celle-ci ne tenait plus qu'à ses deux praticiens à temps plein en viscéral, et l'un d'entre eux était donné sur le départ, retraite oblige. Il fallait trouver quelqu'un dès que possible, avec une spécialité en digestif, ce qui devenait de plus en plus compliqué tant celle-ci était peu prisée des internes. Trop stressante, avec des complications fréquentes, parfois mortelles. Les entrailles faisaient fuir, Hervé le savait, alors en plus dans un établissement que d'aucuns donnaient pour mort… il avait de quoi se faire du souci.

C'est à ce moment que Joël Le Scouarnec a candidaté pour le poste.

Il connaissait déjà la maison pour y avoir effectué quelques remplacements. Son recrutement a été officialisé sans encombre le 4 octobre 2004. Expérimenté, connu des équipes, de formation généraliste avec cette si précieuse spécialité en digestif… Hervé a dû savourer sa chance. De plus, le praticien semblait apprécier l'intimité du service ; il a même demandé à pouvoir résider sur place, dans une chambre mise à sa disposition, invoquant la distance qui le séparait de son domicile, proche de Vannes. Hervé lui trouvait des airs solitaires de vieux garçon, un peu négligé, mais gentil et efficace au bloc. Il avait surtout l'air de chercher à s'installer pour longtemps. En avril 2006, Le Scouarnec a postulé au concours de praticien titulaire afin de pouvoir prendre la tête du service de chirurgie, ce qui confirmait qu'il ne cherchait pas ailleurs. Hervé pouvait être rassuré sur l'avenir de « son » hôpital, au moins de ce côté-là.

La suite, l'anesthésiste ne s'en souvient pas, contrairement à Guillaume Bonnardot.

Depuis 1996, ce psychiatre formé entre Paris et les États-Unis est bien en place à l'hôpital de Quimperlé. Il ne manque pas d'ambition, ne serait-ce que pour se forger un poste à la hauteur de ses mérites revendiqués, bien supérieurs à ce qu'un petit établissement provincial peut d'ordinaire accueillir. Il rêve ainsi d'agrandir le service de psychiatrie dont il est devenu le chef.

L'occasion semble se présenter grâce aux restructurations hospitalières qui se profilent au tournant des années 2000. La maternité de l'hôpital est en effet sur la sellette, et si elle venait à fermer, il pourrait récupérer une trentaine de lits pour y constituer un service de gérontopsychiatrie digne de ses compétences. Le problème, c'est que la direction – Hervé Lemas en tête – s'y oppose fermement. Bonnardot a pu observer les moyens mis en œuvre pour renforcer le service de chirurgie, Lemas ayant fini par trouver un nouveau chirurgien à temps plein alors que ça ne s'annonçait pas facile. Aux yeux du psychiatre, c'est presque incompréhensible qu'un de ses pairs souhaite s'engager sur un bloc où lui-même n'aurait pas l'idée de se faire opérer – à deux pas du pôle d'excellence de Lorient, bien mieux équipé. Reste que ce docteur Le Scouarnec – puisque c'est lui qui s'est dévoué – a retiré une belle épine du pied de la direction en prenant le poste.

Les premiers mois, la présence de Le Scouarnec au sein de l'établissement passe inaperçue. Aucun remous, Bonnardot n'en entend pas parler et n'a pas de raison de le croiser. En 2006 en revanche, le psychiatre est élu président de la commission médicale d'établissement (CME), ce qui lui donne l'occasion de découvrir son confrère. Celui-ci, qui a été nommé conciliateur médical suppléant en charge de la médiation entre l'hôpital et les patients en cas de problème, assiste à ce titre aux réunions de la CME. Bonnardot y apprécie la personnalité discrète et pondérée de Joël Le Scouarnec. Il apprend bientôt que le chirurgien postule au concours de praticien titulaire, synonyme d'accès au poste de chef de service, ce qui augure de la pérennité de sa présence. Il n'a décidément pas de grandes ambitions, songe Bonnardot, qui ne peut qu'en déduire que ce ne sera pas la chirurgie qui fera trembler la maternité de sitôt.

Au printemps 2006, le psychiatre est plutôt préoccupé par un dossier sensible qui l'éloigne de ses desseins expansionnistes. Il s'agit du cas du docteur Frehat, 48 ans, chef du service de radiologie mais aussi seul radiologue au sein de l'établissement depuis 2002, ce qui le rend particulièrement précieux pour l'hôpital. En mai 2005, deux de ses patientes ont porté plainte contre lui pour agressions sexuelles lors d'examens médicaux. Ces plaintes ont été classées sans suite, l'infraction n'étant pas caractérisée dans le cadre de gestes médicaux que le docteur assure avoir pratiqués sans arrière-pensées. La direction de l'hôpital a soutenu cette position sans mener plus d'investigations, le radiologue étant ainsi maintenu à son poste. Il a seulement reçu l'obligation officieuse de ne plus pratiquer ni mammographies ni échographies vaginales sans être accompagné, mais sans que la direction ne précise par qui.

En tant que président de la commission médicale d'établissement, Guillaume Bonnardot a la charge d'observer la bonne gestion interne de ce genre de dossiers. Il reçoit bientôt plusieurs signalements de la part de membres du personnel soignant indiquant que le docteur Frehat ne respecte pas ses obligations d'accompagnement. Des infirmiers assurent que, même en leur présence, le radiologue se livre à des agissements plus qu'inappropriés sur le corps de ses patientes, ce qui les oblige désormais à le dénoncer.

Ces plaintes sont délicates à traiter pour le psychiatre. Accuser un collègue, qui plus est médecin, n'est jamais bien vu par la hiérarchie, quelles que soient les motivations, et pour des raisons évidentes. Cela fait en effet courir un risque à l'ensemble de la structure, par la mauvaise réputation que cela projette sur l'établissement au-delà de la mise en cause d'untel ou d'unetelle. Avant de sonner l'alarme, Guillaume Bonnardot décide donc d'en parler de manière informelle avec le radiologue qu'il contacte pour trouver un moment. Le docteur Frehat est d'accord, mais il lui propose – à la grande surprise de Bonnardot – de le retrouver dans le bureau de Joël Le Scouarnec. Frehat invoque la qualité de conciliateur médical de ce dernier et souhaite que les échanges se tiennent en sa présence.

Pour celui qui pensait concéder une faveur en garantissant la confidentialité, cette médiation n'a aucun sens. Mais si le radiologue lui-même préfère la publicité, à quoi bon l'en empêcher ? Rendez-vous est pris dans le bureau du chirurgien gastrique.

La conversation tourne rapidement à la confrontation. Bonnardot constate que les deux confrères sont alignés et ligués d'emblée contre lui, contestant en bloc « les ragots » entretenus par le reste de l'équipe contre Frehat. Le Scouarnec appuie notamment l'idée que les mesures d'accompagnement sont inapplicables au vu du manque de personnel et de l'intense charge de travail du radiologue, seul en son service. Surtout, et c'est ce que le psychiatre juge alors particulièrement pervers, les deux collègues tentent ensuite de retourner les tirs contre lui, l'accusant de transférer ses fantasmes sur le docteur Frehat. Ils finissent d'ailleurs par inviter Bonnardot à s'occuper de ses propres problèmes sexuels plutôt que d'en prêter à ses confrères avec son esprit mal tourné.

Le psychiatre sort soucieux de cet entretien, troublé aussi par la collusion manifeste entre les deux praticiens qui nient la gravité de la situation. Dans l'hôpital public français des années 2000, il n'y a cependant aucun protocole dédié à la dénonciation comme à la prévention des violences sexuelles. Alors comment faire pour exprimer ses inquiétudes ? Le psychiatre décide de frapper fort et d'envoyer un signalement sur Frehat directement à la direction départementale des affaires sanitaires et sociales (DDASS), en mettant Gérard Leblanc, le directeur du CH de Quimperlé, en copie.

L'attitude de Joël Le Scouarnec lui semble tout aussi problématique, mais ce ne sont à ce stade que des soupçons, sans rien de concret. Son dossier est irréprochable. Aucune plainte n'est connue à son sujet. Guillaume Bonnardot reçoit alors un mail inopiné de la part d'un contact professionnel. En pièce jointe, la copie scannée d'un petit article paru dans le quotidien *Ouest-France* en 2005 sous le titre « Prison avec sursis pour les pédophiles ». Son ami lui indique que cela pourrait l'intéresser car « le chirurgien » mentionné comme condamné pour détention de fichiers pédopornographiques dans ce papier n'est autre que… Joël Le Scouarnec, le nouveau contractuel de Quimperlé, sauveur de la maternité ! Son ami lui glisse également que l'expertise psychologique conduite sur le médecin le dit inoffensif mais sujet à la dépression et à l'alcoolisme du fait de ses problèmes conjugaux. La source de Bonnardot est fiable, experte même… Le psychiatre ne doute pas de l'intérêt de cette information dont il ne méconnaît pas non plus les possibles répercussions. Si Le Scouarnec devait se révéler indigne de sa fonction, le fonctionnement du service de chirurgie en serait directement affecté, et s'il venait à péricliter… la maternité pourrait faire de même. Sans confirmation officielle de l'identité du chirurgien condamné à Vannes en 2005, Bonnardot n'a cependant aucune chance de mettre en cause Le Scouarnec directement, il lui faut disposer de plus d'éléments avant d'avertir la direction sur cette affaire.

Une réunion de la CME en préparation pour le mois de juin 2006 lui en fournit l'occasion. Un infirmier de son service l'informe en effet d'un incident intervenu quelques semaines plus tôt, en avril 2006. Il lui raconte qu'au cours d'une intervention, une simple appendicite pratiquée sur un garçon de 9 ans prénommé Bruno, le docteur Le Scouarnec aurait involontairement provoqué une plaie de la veine cave lors de l'introduction du trocart optique, déclenchant une hémorragie interne. Mais au lieu d'assumer son erreur, Le Scouarnec aurait omis de la mentionner dans le compte-rendu opératoire fourni par l'hôpital. Pire, il aurait refusé de s'adresser directement aux parents de l'enfant pour leur expliquer les complications, les laissant dans un état de détresse obligeant la réquisition de l'infirmier du service de psychiatrie pour les prendre en charge. C'est ce même infirmier qui se tient désormais en face de Bonnardot et lui décrit une situation aussi inconfortable que contraire aux règles de fonctionnement des services : le but est donc que celle-ci soit évoquée en réunion de la CME.

Les parents de Bruno ne relatent pas tout à fait de la même manière[1] ce qu'il s'est passé en avril 2006, mais Bonnardot ne les contacte pas. Il n'interroge pas non plus d'autres membres du personnel hospitalier. Comme avec le docteur Frehat, il préfère commencer par un entretien confidentiel avec le docteur Le Scouarnec afin de connaître

1. Les parents de l'enfant opéré par le docteur Le Scouarnec ont témoigné dans le cadre des investigations sur le médecin. Ils ont déclaré qu'ils avaient été effectivement choqués de la tournure de l'opération, mais surtout des soins reçus par leur fils au sein du service de chirurgie, accusant le personnel soignant de les avoir à plusieurs reprises laissés sans aide ni explication. Peu après la fin de l'hospitalisation du jeune garçon, le docteur Le Scouarnec a reconnu sans difficulté auprès d'eux une erreur médicale liée, selon lui, à du matériel défectueux. Il a reçu les parents afin de leur donner des explications.

sa version des faits. Il espère aussi en profiter pour confirmer l'existence de son casier judiciaire. Il demande à un collègue, gynécologue et chef de la maternité, d'assister à l'entrevue qu'il propose au chirurgien. Avec un tel témoin, on ne l'accusera pas de chercher à constituer un dossier contre le chirurgien à des fins politiques.

Bonnardot et son collègue rejoignent Le Scouarnec dans son bureau. Le psychiatre mène les échanges. Il demande d'emblée au chirurgien de s'expliquer sur ce qui s'est produit lors de l'opération du jeune Bruno. Le Scouarnec invoque la défaillance technique de l'appareil utilisé – Guillaume Bonnardot n'a jamais entendu parler de problèmes de matériel au bloc – mais dans sa description de ses différents gestes pendant l'intervention, Guillaume Bonnardot note surtout l'utilisation de propos selon lui à double sens sexuel. Le chirurgien parle par exemple de sa manière de «pénétrer» la veine cave, et laisse même paraître les signes d'une excitation physique au cours de son récit. Respiration accélérée, rougeurs au visage… Cela ne peut échapper à l'œil du psychiatre qui mentionne alors l'article de *Ouest-France* et le procès de 2005 : est-ce bien de lui dont il est question ?

Le Scouarnec plonge alors sa tête entre ses mains. Guillaume Bonnardot observe sa posture. Il y discerne un double fugace d'un tableau de Van Gogh qu'il affectionne, *Le Vieil Homme et la douleur*. D'une voix sombre, Le Scouarnec admet que c'est bien lui, le condamné, et qu'il le regrette profondément. Le psychiatre tient des aveux. Après un temps de réflexion, Bonnardot tente de faire prendre conscience à son collègue du caractère insoutenable de la situation : « Tu as un problème grave, tu ne peux pas gérer, la seule chose à faire, c'est de démissionner. » Soudain, le docteur Le Scouarnec se rengorge, relève les yeux et, d'un air bravache, assène : « Personne ne peut m'y obliger. »

Pour Guillaume Bonnardot, il n'y a plus de doute : Le Scouarnec est un pervers[1]. Le psychiatre est à cette époque spécialiste des troubles bipolaires, cependant il a lu les études psychanalytiques des criminels sexuels de Jacky Bourillon[2] et pense reconnaître clairement les signes psychopathologiques indiquant la personnalité profonde du chirurgien. C'est à ses yeux une personnalité infantile, un ego idéalisé, manipulateur et désireux de soumettre l'autre à ses propres désirs par tous les moyens. Son attrait pour les enfants n'en est que la manifestation, comme la volonté de domination intellectuelle que le psychiatre avait déjà perçue lors de leur entretien au sujet du docteur Frehat.

Guillaume Bonnardot est toutefois ennuyé. Son instinct de praticien lui indique ce qu'il en est du docteur Le Scouarnec, mais l'expert commis sur son cas lors de son arrestation à Vannes et dont il a pu consulter le rapport l'a jugé inoffensif. Jusqu'où peut-il aller sans risquer d'être lui-même mis en

1. Le docteur Bonnardot a choisi de faire usage du terme « pervers » au regard de sa propre expérience psychanalytique. Cette notion aux interprétations multiples n'est toutefois pas d'usage dans la psychiatrie moderne, qui n'utilise pas de notion de perversion dans la liste des troubles mentaux, basée sur le *Manuel diagnostique et statistique des troubles mentaux* (DSM) et la *Classification internationale des maladies* (CIM).

2. Jacky Bourillon, *Les Criminels sexuels : études psychanalytiques*, Paris, L'Harmattan, 1999.

cause pour diffamation ? Car « les médecins se doivent assistance dans l'adversité », c'est écrit en toutes lettres dans le Code de la déontologie médicale et cela recouvre la possibilité de poursuites très concrètes en cas de rupture de cet engagement. Lancer publiquement une alerte sur un pair ne doit se faire qu'en dernier recours. Il faut tout tenter pour régler le problème en amont. La position de Bonnardot en faveur de la fermeture de la maternité joue aussi en sa défaveur. S'il fait trop de bruit, il sera accusé de vouloir sacrifier Le Scouarnec sur l'autel de ses ambitions. Il ne préfère donc pas exposer trop clairement son avis.

Après mûre réflexion, il lui semble plus prudent d'en référer à la direction, sans pour autant prévenir le conseil de l'Ordre ni la DDASS, et de le faire le plus discrètement possible. Par diplomatie, il sait qu'il faut d'abord en parler à Hervé Lemas – sans qui, de toute manière, rien ne se décide au sein de l'établissement –, et de préférence à l'oral, sans trace écrite. Il rejoint donc l'anesthésiste dans son bureau pour lui énumérer l'ensemble de ses découvertes : l'article, les liens avec Frehat, l'entretien, et la défaillance probable de Le Scouarnec quand il est en contact avec les mineurs. Guillaume Bonnardot observe son collègue, visiblement impatienté par tous ces détails.

Lemas n'a pas le temps mais promet qu'ils en reparleront.

Guillaume Bonnardot estime beaucoup Hervé Lemas, un médecin qu'il juge exemplaire pour avoir littéralement dédié sa vie à l'hôpital public depuis près de trente ans. Mais c'est aussi pour cela qu'il pressent ne pas pouvoir se fier complètement à lui pour s'assurer qu'une suite sera donnée à son enquête. Il décide donc de faire part de ses inquiétudes à d'autres collègues du docteur Le Scouarnec, parmi lesquels un gynécologue, un syndicaliste, ainsi que le nouveau chef des urgences, Philippe Brun. Il révèle à ce dernier la condamnation de Joël Le Scouarnec pour consultation et détention de fichiers pédopornographiques, et lui enjoint de demander ce qu'il en est du côté du conseil de l'Ordre. Guillaume Bonnardot vise toujours à ce que l'alerte ne soit pas donnée par lui seul. Brun s'exécute et passe un coup de fil à l'Ordre le 13 juin 2006. Au cours de cet appel, l'urgentiste indique avoir appris qu'un chirurgien de son établissement aurait été condamné pour avoir consulté des vidéos pédopornographiques pendant ses gardes, il voudrait savoir ce qu'il en est et comment réagir. La secrétaire au bout du fil précise qu'il sera rappelé plus tard.

Le 14 juin, Guillaume Bonnardot poursuit sa quête et rédige une lettre qu'il transmet au directeur de l'hôpital, Gérard Leblanc. Son courrier comporte les éléments tels qu'il les a relatés à Hervé Lemas : l'opération ratée, le dossier Frehat, l'article de *Ouest-France*. Il indique que Le Scouarnec lui-même a reconnu sa condamnation auprès de lui, et finit par exposer ses interrogations : « Un tel parcours judiciaire n'est-il pas incompatible avec la fonction de conciliateur médical ? » Avec précaution, il précise ses doutes et déclare « s'interroger sur la capacité du docteur Le Scouarnec à conserver toute sa sérénité lorsqu'il intervient sur de jeunes patients[1] ».

1. Extrait de la lettre adressée par Guillaume Bonnardot à Gérard Leblanc, directeur de l'hôpital de Quimperlé, le 14 juin 2006.

À la relecture, il ne lui semble ni en avoir trop dit, ni pas assez. Il finit en remerciant le directeur pour «l'attention prêtée sur ces éléments difficiles». Il envoie son courrier. Celui-ci ne suscite aucune réaction. Un mois plus tard, le 19 juillet 2006, Guillaume Bonnardot adresse enfin la copie de sa lettre au conseil de l'Ordre du Finistère.

Que peut-il faire de plus ? Il attend encore des nouvelles, mais en vain. La procédure du concours des praticiens titulaires arrive jusqu'à son terme. Le Scouarnec est officiellement titularisé le 1er août 2006 à l'hôpital de Quimperlé et nommé chef du service de chirurgie dans la foulée.

Tant pis, songe Guillaume Bonnardot, qui estime avoir fait son possible. Il tourne logiquement la page de ce dossier dont il n'entend plus parler, et dont il ne prend plus de nouvelles. De toute manière, un an plus tard, la fermeture de la maternité est annoncée sans qu'il n'y soit pour rien, suite à une enquête conduite au sein du service de chirurgie. Une histoire de fraude à l'assurance, ou de dossier perdu, rien de sexuel en tout cas. Il n'en sait pas beaucoup plus mais ne pose pas non plus la question. Il se dit peut-être que c'est dans l'ordre des choses, de fermer les services obsolètes pour laisser place à ceux qui répondent à des besoins réels, comme le sien. Peut-être aussi pense-t-il qu'ayant perdu son siège de maire, Hervé Lemas n'a pas eu les moyens de s'y opposer plus longtemps, et que ce n'est pas plus mal.

Ni le psychiatre ni l'anesthésiste ne savent que le directeur de leur établissement, Gérard Leblanc, a décidé d'envoyer en novembre 2006 une note confidentielle à destination des autorités hospitalières :

« Je considère le docteur Le Scouarnec comme un praticien sérieux et compétent, disponible pour travailler dans l'intérêt de l'établissement. Outre ses fonctions de chef de service, il siège au sein du conseil exécutif provisoire et exerce les fonctions de conciliateur médical suppléant, il est affable et entretient d'excellentes relations tant avec les patients et leurs familles qu'avec le personnel. Son arrivée à Quimperlé a permis de stabiliser l'activité chirurgicale de manière satisfaisante, et de sortir l'établissement d'une crise grave générée par le départ massif de praticiens hospitaliers en 2001[1]. »

Gérard Leblanc a oublié de joindre à son courrier la lettre reçue par Guillaume Bonnardot indiquant ses doutes sur la capacité de Le Scouarnec à exercer « en toute sérénité ».

1. Extrait de la note « confidentielle » rédigée par Gérard Leblanc, directeur du CH de Quimperlé, à l'attention du directeur adjoint de la DDASS de Bretagne, le 23 novembre 2006.

Personne n'aurait jamais imaginé ce genre de choses

- Nous vous donnons lecture de certains extraits du journal tenu par Joël Le Scouarnec pendant qu'il exerçait à la clinique du Sacré-Cœur à Vannes, entre 1994 et 2003, dans laquelle vous exerciez à ses côtés la profession d'infirmière. Que pensez-vous de ces écrits?
- Je ne l'ai jamais vu faire ça. Par contre, ce qu'il raconte au sujet de ce qu'il s'est passé dans son bureau est possible. Je suis bien sûre qu'il consultait seul. Cela arrivait souvent, même avec les autres chirurgiens. Dites-vous bien que tout le monde ne vivait pas avec l'idée qu'un patient pourrait se retourner contre un médecin et à l'inverse, personne n'aurait jamais pensé qu'un médecin pourrait faire ce genre de choses. Encore plus dans une clinique privée. Aucune infirmière n'aurait pris le soin de faire remarquer qu'un chirurgien ne devait pas examiner un patient

seul. En fait, personne n'aurait pris soin de faire remarquer directement l'erreur d'un chirurgien ou quelque chose qui se serait mal passé après s'en être rendu compte. Je pense qu'une infirmière devait prendre d'immenses précautions avant de signaler ce genre de choses en en parlant très discrètement et en cherchant à savoir si d'autres personnes avaient remarqué la même chose qu'elle, à l'époque en tout cas. De toute façon, personne n'aurait jamais imaginé ce genre de choses.

Extrait d'audition de Marie J., retraitée,
ancienne infirmière à la clinique du Sacré-Cœur,
gendarmerie de Vannes, le 29 janvier 2020 à 11 h 35.

UNE ALERTE

Elsa est chez elle, assise en jogging sur son canapé, les jambes en tailleur, son chien affairé au sol à ronger un os en plastique. Les documents encerclent la jeune femme comme une armée au pied d'une tour. Elle est plongée dans les arcanes de l'hôpital et remonte le fil des années 2005-2007.

À Quimperlé, la direction est mise au courant du passé judiciaire de Le Scouarnec grâce à la lettre du psychiatre Guillaume Bonnardot, reçue dans le courant de l'été 2006. Mais à la suite de ça, rien ne se passe. Aucune enquête interne diligentée, aucune mesure de suivi ni alerte en direction des autorités de santé qui auraient pu intervenir. Le directeur Gérard Leblanc est décédé, elle ne peut plus l'interroger. Il n'a laissé derrière lui qu'une lettre pour éclairer sa position[1]. Il y défend son chirurgien avec une certaine véhémence. Rien de plus normal quand la

1. Lettre citée page 186.

priorité est à la stabilité du personnel hospitalier ? Cet homme était sans doute piégé par son devoir de préserver coûte que coûte l'hôpital d'une mauvaise publicité. Il se disait peut-être aussi que les mœurs changeaient trop vite, que les patients désormais se plaignaient pour un rien, revendiquant des droits qu'ils n'auraient jamais exigés auparavant. Avant, les corps appartenaient tout entiers aux médecins, dont personne ne contestait le savoir acquis après de longues années d'études, ni la charge qui leur incombait de les soigner. C'était comme ça jusqu'à la loi Kouchner de 2002. Depuis, « aucun acte médical ni aucun traitement ne peut être pratiqué sans le consentement libre et éclairé de la personne et ce consentement peut être retiré à tout moment ». Peut-être que Gérard Leblanc ou même Hervé Lemas – l'ancien maire et anesthésiste qu'elle a interrogé mais qui nie avoir été informé de la situation par Bonnardot –, pensaient-ils que les affaires Le Scouarnec ou Frehat venaient de là, de cette nouvelle manière de scruter à la loupe les faits et gestes médicaux, l'exigence de montrer patte blanche avant d'enfiler la blouse de la même couleur. Le Scouarnec est soutenu par sa hiérarchie et il peut y avoir encore d'autres raisons à cela, Elsa n'y voit pas clair encore. Elle devine seulement combien l'hôpital a peur de ses failles, de ses erreurs, de ses brebis galeuses, et que les moyens de s'en prémunir ont parfois les effets inverses.

Le conseil de l'Ordre du Finistère est toutefois alerté de l'affaire en juin 2006, sans l'aide de l'administration de Quimperlé mais grâce au coup de fil d'un urgentiste, collègue de Le Scouarnec. La lettre d'un psychiatre, Guillaume

Bonnardot, relance également le dossier en juillet. Le casier judiciaire du chirurgien n'étant pas à jour, le conseil départemental n'avait pas trace de sa condamnation mais il se donne alors du mal pour en obtenir la confirmation. Frédéric Santon, son président, se charge de contacter le tribunal de Vannes. Après trois missives laissées sans réponse, le greffier vannois se décide enfin à lui répondre, le 14 novembre, le chirurgien titularisé étant bel et bien été condamné pour détention et consultations de fichiers pédopornographiques, le conseil s'empresse de convoquer Le Scouarnec. Celui-ci se présente devant eux le 22 novembre 2006, soit presque un an après l'énoncé de son verdict.

Elsa se penche sur le procès-verbal des échanges qui se sont tenus entre le chirurgien et les trois rapporteurs du conseil, parmi lesquels le docteur Santon. Il s'agit de quelques notes manuscrites et qui tiennent sur une feuille de fac-similé :

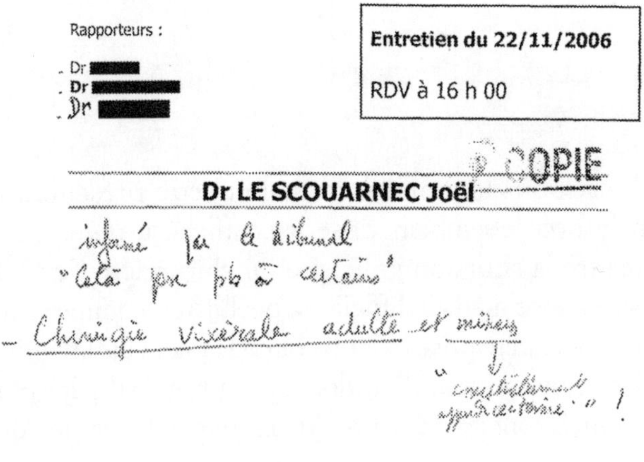
Rapporteurs :
. Dr [redacted]
. Dr [redacted]
. Dr [redacted]

Entretien du 22/11/2006

RDV à 16 h 00

COPIE

Dr LE SCOUARNEC Joël

informé par le tribunal
« Cela pose pb à certains »
– Chirurgie viscérale adulte et mineurs
« essentiellement appendicectomie » !

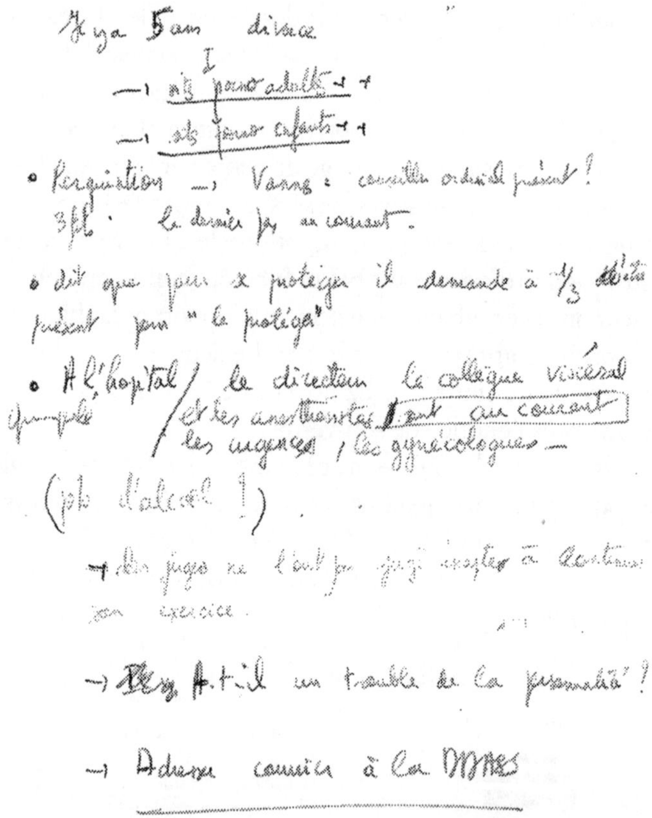

C'est pour le moins informel et cette présentation tranche avec le semblant de sérieux affiché jusque-là pour connaître la situation judiciaire du chirurgien. Certains passages sont mêmes difficiles à déchiffrer, comme si ces notes avaient été prises sur un coin de table, sans intention de les verser au sein d'un dossier qui pourrait aller plus loin. Quels sont les éléments qui ont retenu l'attention des conseillers ordinaux ? Est-ce que le point d'exclamation après la mention «pratique essentiellement des appendicectomies» souligne par exemple un problème particulier ? Ou est-ce une manière d'indiquer que Le Scouarnec est nul ? Et que penser du «sont au courant» encadré, au sujet de plusieurs collègues ?

La succession d'annotations se termine par «adresser un courrier à la DDASS». C'est en effet la procédure. À l'époque, il s'agissait de la Délégation départementale aux affaires sanitaires et sociales, remplacée en 2010 par l'Agence régionale de santé. En 2007, c'était à ce service de décider si le chirurgien devait être sanctionné. L'Ordre n'était tenu que de rendre un avis déontologique permettant d'éclairer – voire de demander – une éventuelle réprimande pouvant aller jusqu'à la révocation du praticien.

L'avis du conseil est rendu un mois plus tard, de manière solennelle lors de la séance plénière organisée le 14 décembre 2006. Les dix-neuf membres du conseil de l'Ordre – tous médecins – y sont invités à voter leurs avis sur différentes affaires. Dans le cas de Le Scouarnec, l'objectif est officiellement de statuer sur le point suivant : «savoir si les faits le concernant sont ou non constitutifs de l'infraction prévue par l'article 3 du Code de déontologie médicale, qui stipule que le médecin doit, en toutes circonstances, respecter les principes de moralité, de probité et de dévouement indispensables à l'exercice de la médecine».

Nous y voilà, grogne Elsa, que son chien regarde avec curiosité tout en comprenant rapidement que l'heure de la promenade se tient encore loin. Le Scouarnec a-t-il, en toutes circonstances, respecté les principes de moralité, de probité et de dévouement indispensables à l'exercice de la médecine, en consultant, c'est-à-dire, en se masturbant à plusieurs reprises sur des vidéos pédopornographiques sur son lieu de travail, entre deux opérations en chirurgie viscérale conduite sur les mineurs dont il avait la charge ? C'était ça, la question. Mais l'ont-ils entendue ? Ont-ils vu le problème ? Oui ou non ? Les votes ont été les suivants :

OUI = 0
NON = 18
Blanc = 1
Délibération finale : « Laisser la DDASS gérer cette affaire »

À l'unanimité ! Mais quelle bande de lâches ! enrage la jeune femme à voix haute, faisant sursauter son chien. Enfin presque, reconnaît-elle en regardant l'animal : il y en a quand même eu un, sur les dix-neuf, qui semble avoir un instant réfléchi au problème de pédopornographie comme hobby pour un chirurgien en exercice. Il a eu du moins la décence de s'abstenir. Il n'a pas dit « oui, c'est un problème », non plus…

Elsa bascule en arrière et contemple le plafond. Une fissure grandit dans un coin. La conséquence d'un dégât des eaux.

Les dix-huit autres chevaliers de cet Ordre perdu ont voté comme des braves que ce n'était pas un problème. Eux qui ont la mission de défendre la moralité, la probité et le dévouement de la profession médicale ! Elsa trouve édifiant de constater leur niveau de tolérance. Un docteur prêt à payer pour s'exciter sur des viols de mineurs entre deux opérations n'atteint pas selon eux aux vertus fondamentales de la médecine. C'est bon à savoir ! Que des enfants hospitalisés – donc dans la position la plus vulnérable qui soit – puissent être remis chaque jour entre les mains d'un pervers ne les interpelle pas une seconde. Personne pour se dire qu'un homme qui se complaît dans ce genre de fantasmes est – a minima – indigne des pleins pouvoirs que lui confère son statut de médecin face à ses patients ?

Avec son vote, le « travail » de l'Ordre est de plus officiellement achevé. Dossier classé et renvoyé à la DDASS. Aujourd'hui, le conseil affirme avoir fait ce qu'il pouvait du point de vue déontologique en rendant un avis sur la base des maigres éléments qui lui avaient été communiqués. Il devait passer la main, abrité derrière le fait qu'il n'avait de toute manière aucun pouvoir pour porter plainte contre un praticien titulaire. C'était à la DDASS de s'en charger.

L'autorité départementale reçoit donc la patate chaude, brûlante même au regard de la titularisation de Le Scouarnec en juillet 2006 et qui n'aurait jamais dû avoir lieu dans ces conditions. Mais elle reçoit aussi, dès le mois de novembre 2006, une lettre du directeur de l'hôpital de Quimperlé, Gérard Leblanc, prenant clairement la défense de Le Scouarnec.

Que ce soit de la part du conseil de l'Ordre comme de la direction de l'hôpital de Quimperlé, l'alerte est ainsi minimisée à deux reprises avant d'atterrir sur le bureau des autorités compétentes pour le sanctionner.

Le 12 janvier 2007, celles-ci s'emparent du problème, a priori purement légal et administratif. Elsa considère la quinzaine de mails versés au dossier qui documente la manière dont la hiérarchie hospitalière s'est occupée du cas Le Scouarnec. La DDASS commence par prévenir le ministère de la Santé, au sein de la Direction de l'Hospitalisation et de l'Organisation des Soins (DHOS), tout en mettant en copie l'Autorité régionale d'hospitalisation (ARH) de Bretagne. Le premier message mentionne la condamnation de Le Scouarnec et joint la petite note de Gérard Leblanc qui encense le bon docteur. Voilà, c'est embêtant, maintenant tout le monde est au courant, même si personne ne répond.

Le 13 mars 2007, soit deux mois plus tard, le directeur de l'Autorité régionale de Bretagne s'en émeut. Il envoie une relance en direction du ministère pour demander des précisions quant à la manière dont Joël Le Scouarnec a pu réussir le concours de titulaire, le 1er juillet 2006, après une condamnation prononcée en novembre 2005. L'ARH évoque aussi en parallèle une enquête diligentée « à la suite de dysfonctionnements médicaux constatés dans le cadre du contrôle de l'assurance maladie » au sein du service de chirurgie de Quimperlé, dirigé par Le Scouarnec. Ces deux affaires impliquant le chirurgien sont jugées selon lui « préoccupantes ».

Plusieurs échanges s'ensuivent entre les trois autorités de santé afin de déterminer les circonstances de la titularisation de Le Scouarnec. C'est ça, pour eux, le problème principal. Mais ils découvrent que le chirurgien n'a pas dissimulé sciemment sa condamnation, et que la responsabilité en incombe au tribunal judiciaire de Vannes. Impossible de le punir pour ça puisque ce n'est pas sa faute ! Il ne vient à l'idée de personne que le médecin aurait pu – connaissant le règlement du concours – estimer qu'il n'avait pas sa place en tant que praticien titulaire et chef de service. Cela aurait impliqué un sens moral dont chacun semble être dénué.

Au sein du ministère de la Santé, le chef de service de la direction de l'hospitalisation et de l'organisation des soins – le bureau M3 – s'en montre désolé. Il adresse une missive en ce sens aux directeurs des autorités départementales et régionales : « Évidemment, si le bureau M3 avait eu connaissance de cette condamnation au moment de la procédure de recrutement, la nomination aurait pu être évitée, considérant que le praticien ne remplissait pas les conditions de moralité nécessaires à l'exercice de ses fonctions[1]. » Mais, mais… c'est trop tard. « Pour abroger notre décision, il faudrait démontrer la fraude ou la volonté avérée de dissimuler la condamnation, ce qui paraît en l'occurrence difficile. » En revanche, le fonctionnaire du ministère a une idée pour conclure son message : pourquoi ne pas renvoyer Le Scouarnec devant le conseil de l'Ordre régional, cette « instance pouvant être moins clémente que la départementale » ? On ne sait jamais, il pourrait peut-être faire quelque chose de plus ?

Une note complète est transmise par la suite, frappée du tampon « confidentiel », sans pour autant être signée,

1. Extrait du mail du chef du bureau M3, Direction de l'Hospitalisation et de l'Organisation des Soins (DHOS), envoyé le vendredi 16 mars 2007 à 9 h 18.

ni datée. Elle explicite la position finale du ministère de la Santé sur le « cas » Le Scouarnec.

Situation du docteur LE SCOUARNEC

Condamné le 17/11/05 par le TGI de Vannes à 4 mois de prison avec sursis. Pour importation, détention et recel d'images pornographiques mettant en scène des mineurs.

Les faits reprochés à l'intéressé et la sanction prononcée sont de nature à établir qu'il ne remplissait pas les conditions de moralité nécessaires à l'exercice des fonctions de praticien hospitalier.

La connaissance par l'administration de la nature des faits reprochés et de la peine prononcée aurait certainement justifié qu'elle ne procède pas à sa nomination, le ministre appréciant de manière *intuitu personae* et dans l'intérêt du service si le praticien présente le profil adéquat pour les fonctions postulées.

Pour être nommé sur un poste de PH, un candidat lauréat du CNPH doit fournir à l'administration un certain nombre de documents, notamment une copie de son livret de famille. C'est avec ce document que l'administration se procure elle-même l'extrait du bulletin numéro 2 du casier judiciaire du candidat.

Dans le cadre du tour de recrutement 2006, l'extrait du bulletin numéro 2 du casier judiciaire, transmis par l'autorité judiciaire à l'administration et datée du 6/04/06, ne portait pas mention de la condamnation sus-évoquée.

On sera sûr donc de procéder à la nomination du docteur Le Scouarnec sans avoir eu connaissance de la condamnation et suite aux avis favorables des instances locales de l'établissement.

La fraude ou la volonté avérée de dissimuler sa condamnation aurait permis d'annuler sa nomination.

Cependant, il paraît difficile de retenir et de prouver la fraude ou la dissimulation :

- Les délais tardifs de mise à jour de son casier judiciaire ne peuvent être imputés au docteur Le Scouarnec.
- L'intéressé a bien fourni la pièce, copie du livret de famille permettant à l'administration de se procurer l'extrait du casier judiciaire.

- Il pourrait arguer qu'il croyait que son casier était déjà à jour et que l'administration ait procédé à sa nomination en connaissance de cause.
Au vu des éléments du dossier, il paraît difficile d'envisager de rapporter ou d'annuler la nomination de ce praticien.
Cependant, le ministre reste toutefois lié par les faits et la qualification retenue par le juge pénal. Il doit manifester sa désapprobation.
La circonstance que les faits qui ont entraîné la condamnation pénale sont antérieurs à l'entrée dans le corps des PH ne prive pas l'autorité disciplinaire compétente du droit d'apprécier la compatibilité de ces faits avec l'exercice de ses fonctions.
La procédure disciplinaire peut être engagée même si les faits incriminés sont sans rapport direct avec la façon d'exercer. Au cas présent, on ne peut pas ignorer que les faits sont en contradiction avec les conditions de moralité nécessaires à l'exercice des fonctions de PH.
Cependant, cette option lourde à mettre en œuvre et dont le résultat n'est pas certain ne paraît pas aller dans l'intérêt du service vu les bonnes appréciations portées sur le travail du docteur Le Scouarnec.
Le ministre se devant de réagir, l'option de la plainte devant l'Ordre paraît plus adéquate.

En résumé, c'est bien dommage, il faudrait faire quelque chose, mais on ne va rien faire. Les responsables du ministère de la Santé demandent donc au directeur régional de l'hospitalisation de Bretagne, autorité compétente en la matière, de déposer plainte en leur nom auprès du conseil régional de l'Ordre des médecins.

Les différentes institutions se renvoient la balle comme dans un tableau de flipper. Mais la plainte des autorités sanitaires ne sera jamais déposée. L'instance régionale n'a donc pas eu la chance de prouver sa nature « moins clémente » que celle de l'échelon départemental, dont les dix-huit membres pouvaient continuer à trouver la situation normale, et se réjouir de leur unanimité sur ce genre de cas.

Elsa griffonne dans les marges de son cahier, des têtes vides avec des blouses et des stéthoscopes. La déontologie médicale fonctionne comme la loi : elle ne sert à rien quand elle n'est pas appliquée. Quand on n'y pense même pas. Quand le devoir d'information des patients n'effleure même pas l'esprit de ceux qui sont en charge de veiller sur eux « officiellement ». La protection des mineurs n'est tout simplement jamais évoquée. Ce n'était pas un sujet. Un trou noir entre les nœuds administratifs. Avec cette occasion toujours offerte de se défausser sur l'autre. On tourne en rond autour du problème sans jamais l'approcher.

Le chien en a assez d'attendre et trépigne dans l'entrée. Elsa comprend qu'il est temps de s'interrompre, un peu d'air frais lui fera sans doute du bien. Elle enfile ses baskets de running. En arpentant les ruelles de Jonzac, lumières et sapins brillent derrière les fenêtres, la nuit paraît moins dense mais Elsa la sent immense. Les fêtes de fin d'année l'ont toujours agacée.

En rentrant, elle veut en savoir plus sur cet « Ordre des médecins ». Elle reprend son travail par la lecture du rapport de la Cour des Comptes[1] qui vient d'être publié. Il pointe le problème en toutes lettres : « Au cours des dernières années, plusieurs affaires médiatisées relatives à des viols et agressions sexuelles sur patients ayant conduit à la condamnation pénale de médecins n'ont pas été traitées, sur le plan ordinal, avec la rigueur nécessaire. » Et comment !

1. Rapport de la Cour des Comptes, « L'Ordre des médecins », publié en décembre 2019.

Elle poursuit : « Entre 2014 et 2017, 150 plaintes pour des faits à caractère sexuel ont été enregistrées dans les chambres disciplinaires de première instance, ce qui représente, en 2017, 3,5 % des plaintes. [...] Près de 43 % de ces plaintes ont fait l'objet d'un rejet. Les 57 % restants ont abouti, pour 11 % à des avertissements ou blâmes, 5 % à des suspensions totalement assorties de sursis, donc sans effet immédiat sur l'exercice du praticien sanctionné ; 12 % ont abouti à des radiations et 29 % à des interdictions d'exercer assorties de sursis. »

Environ 20 % des plaintes aboutissent donc à une sanction concrète mais, surtout, dans la majorité des cas, celle-ci n'est prononcée qu'à la suite de condamnations pénales. Le rapport donne l'exemple d'un médecin déjà condamné pour agression sexuelle à six mois d'interdiction d'exercer par le tribunal correctionnel au début des années 2000, que le conseil de l'Ordre n'a décidé de poursuivre au disciplinaire qu'en mai 2016, après une récidive dont l'Ordre était informé depuis 2015... Ou encore, il cite le cas du docteur X, poursuivi par le Conseil national plus de trois ans après sa condamnation en février 2014 pour des faits d'agression sexuelle sur mineur par personne ayant autorité. Trois ans après !

Apparemment, le conseil de l'Ordre ne se lance que lorsqu'il n'a plus le choix, quand tombe la sanction pénale... Ce qui lui laisse de la marge. Non seulement parce que le niveau de gravité des condamnations est relativisé, mais aussi tout simplement parce que ces condamnations sont rares. En matière de violences sexuelles sur mineurs, Elsa découvre qu'à peine 1 % des plaintes déposées aboutissent au tribunal. Le conseil n'a pas à craindre d'être débordé par ces affaires.

Finalement, seule l'enquête conduite en 2007 à l'hôpital de Quimperlé et diligentée par l'ARH pour des questions de fraude à l'assurance aboutit. Les sanctions y sont beaucoup plus claires. La mort d'une patiente par suite de complications abdominales a en effet révélé des « dysfonctionnements massifs » au niveau des urgences mais surtout de la chirurgie. La fermeture du service a été préconisée, impliquant bientôt celle de la maternité, sans que Le Scouarnec ait été directement mis en cause bien que comptant parmi les responsables. Le CH de Quimperlé a ainsi été restructuré, et le médecin a dû chercher un nouveau poste, son casier désormais à jour. C'était à ses futurs employeurs de s'en débrouiller.

En 2007, Le Scouarnec arrive à l'hôpital de Jonzac. Il dit avoir évoqué de lui-même son passé judiciaire lors de son entretien avec Mme C., la directrice de l'établissement. Et celle-ci l'a apparemment remercié de sa franchise, trouvant que ce n'était pas grave, parce qu'il n'avait jamais agressé personne « dans la vraie vie ». Elsa relit l'audition conduite par Étienne :

– A-t-il fait l'objet d'une mesure identique à un quelconque moment de sa carrière ? Avez-vous pris des mesures particulières dès lors que vous avez eu connaissance des antécédents de Monsieur Le Scouarnec ?
– Non, il n'y a jamais eu de mesures particulières. Et cela même après qu'il nous a appris ses antécédents judiciaires. De son aveu, c'était de la consultation Internet chez lui. Comme il n'y

avait pas eu d'agression physique, ce genre de précaution ne m'est pas apparu nécessaire[1].

La directrice confirme qu'elle a recruté Le Scouarnec en toute connaissance de cause et n'a pas jugé nécessaire d'envisager le moindre dispositif préventif, ni de s'informer davantage sur son cas. Le chirurgien n'a connu aucun souci administratif au cours des dix ans qui ont suivi.

Mais le plus ironique intervient en 2015. Le Scouarnec demande à ce moment-là la prolongation de deux ans de son droit d'exercer en tant que chirurgien à Jonzac, au-delà de 65 ans. Et ce sont les mêmes qui s'étaient interrogés sur leur devoir de le radier – avant de conclure que ce serait bien mais un peu trop lourd à mettre en place – qui ont signé son autorisation à rester en poste, avec les éloges du ministère public. C'est la même signature en bas du document. Dix ans pour dire deux choses inverses : en 2007, l'hôpital public ne devrait pas compter parmi ses titulaires un pédocriminel condamné ; en 2015, « restez parmi nous cher monsieur, faites-nous donc cet honneur ».

Le chirurgien a obtenu ses pleins droits à la retraite en juillet 2017, alors qu'il était déjà en prison… Même à l'ombre, aucune raison de lui retirer son droit à couler de vieux jours tranquilles.

1. Extrait de l'audition de Mme C., ancienne directrice du centre hospitalier de Jonzac, gendarmerie de Jonzac, le 18 mai 2017 à 10 h 50.

Les têtes vides regardent Elsa depuis les pages de son cahier noirci.

Il n'y a donc aucun garde-fou ?

À tous mes amis pédophiles

« JE DÉDIE CETTE PAGE À TOUS MES AMIS PÉDOPHILES QUI SONT ACTUELLEMENT L'OBJET DE PERSÉCUTIONS EN FRANCE ET DANS LE MONDE, TOUS CEUX QUI, COMME MOI, ONT CONNU LE BONHEUR DE LÉCHER LA VULVE D'UNE PETITE FILLE OU DE SUCER LA BITE D'UN PETIT GARÇON. QU'ILS SACHENT, DANS L'ISOLEMENT DANS LEQUEL ILS SE TROUVENT, QUE JE COMPATIS À LEUR DÉTRESSE ET PENSE À EUX[1]. »

Extrait du journal intime de Joël Le Scouarnec,
entrée du 30 juin 1997.

1. En lettres capitales dans le texte original.

UNE ANOMALIE

La majorité des victimes a été localisée en Bretagne, là où Le Scouarnec a longtemps exercé, dans plusieurs cliniques et hôpitaux situés à quelques dizaines de kilomètres les uns des autres. Elsa s'en doutait, mais l'enquête va bientôt être délocalisée à Poitiers pour être conduite par la section de recherche, mieux armée et placée sur le territoire pour terminer le travail d'identification et de recoupement des faits. Il faudra encore des mois, des années peut-être, à ses collègues pour en venir à bout.

Elle n'a plus beaucoup de temps. Il faut avancer, comprendre un maximum. Joël Le Scouarnec est-il une exception ? Est-ce qu'il y en a d'autres comme lui ? Est-ce qu'elle passe à côté ?

Elle reprend le dossier de l'hôpital de Quimperlé pour examiner le cas de Frehat, le radiologue dont l'affaire se trame à la même époque que celle du chirurgien. Ce qu'elle découvre est édifiant, moins sur les liens qui unissent Le Scouarnec et Frehat – bien qu'attestés –, que sur l'absence de réaction face à des plaintes répétées. Trente-deux femmes sur lesquelles Frehat a procédé à des examens radiologiques entre 2002 et 2006 l'ont accusé d'agressions sexuelles et de viols « commis par une personne abusant de l'autorité que lui confère sa fonction ». Huit étaient mineures, deux âgées de moins de 15 ans. Les viols auraient été commis avec des ustensiles médicaux.

Trente-deux femmes, âgées de 14 à 79 ans au moment des faits, pendant quatre ans... Comme dans l'affaire Le Scouarnec, Elsa imagine ces femmes individuellement, leur peau, leurs cheveux, les boutons sur le menton des deux adolescentes de 14 ans, détruites pour avoir eu besoin d'une radio du coude. Car l'ancien radiologue pratiquait apparemment des échographies endovaginales de façon systématique, quelles que soient les pathologies, y compris une blessure à la tête ou une suspicion d'appendicite... Il pratiquait des touchers vaginaux et rectaux sans raison médicale et alors que cela ne relevait pas de sa compétence. Dès le mois de mai 2005, deux de ses patientes ont porté plainte pour agressions sexuelles, plaintes qui ont rapidement été classées sans suite : trop difficile, apparemment, pour les collègues d'Elsa de distinguer ce qui sépare un acte médical de la violence sexuelle. Dès le mois de mai 2005 !

Joël Le Scouarnec a compté parmi les défenseurs de Frehat, estimant à plusieurs reprises devant témoins que l'usage de l'endoscopie par son collègue était tout à fait légitime. L'hôpital assure avoir exigé dès les premières plaintes des mesures de suivi pour éviter que le médecin ne soit laissé seul avec une patiente. Mais ces injonctions n'ont pas été respectées – comme l'a constaté Guillaume Bonnardot – puisque le radiologue a continué de réaliser des échographies par voie endovaginale, y compris sur des mineures et en l'absence de l'autorisation des parents... Si bien qu'en 2006, de nouvelles plaintes ont été déposées, conduisant enfin au placement en détention provisoire de Frehat entre juin 2007 et avril 2008. Il est alors remis en liberté sous contrôle judiciaire. Il lui est officiellement interdit d'exercer, sauf qu'à cette même date, en avril 2008, Elsa découvre qu'il figure sur la liste nationale d'habilitation à diriger un service en hôpital public. L'enquête en cours, aussi grave soit-elle, n'est donc pas prise en compte, ni par le conseil de l'Ordre, ni par le ministère de la Santé. Ils ne sont a priori pas au courant.

A minima, dans le cas de Frehat, ce seraient deux années d'activités criminelles, entre mai 2005 et juin 2007, qui auraient été couvertes par la difficulté à mettre en cause une pratique médicale pourtant dénoncée à maintes reprises. Aucune suspension, aucune enquête approfondie n'a été menée pendant ces deux ans, aucune contrainte *réelle*. Il était le seul radiologue en activité au CH de Quimperlé, marqué par le sous-effectif de ses équipes, les mesures d'accompagnement n'avaient donc aucune chance d'être appliquées, c'était évident. Mais l'établissement n'en a rien dit, aucune alerte n'est venue de sa direction – en dehors du signalement que Guillaume Bonnardot assure avoir envoyé –, avant que l'hôpital ne soit acculé par la multiplication des plaintes. Frehat a comparu libre à son procès, sans doute parce qu'il niait les faits, il s'est enfui avant de connaître le verdict. Il a été condamné par contumace par la cour d'assises du Finistère à dix-huit ans de réclusion criminelle en 2013, mais il n'a jamais été retrouvé.

Impuni, donc, le docteur Frehat. Lui aussi.

Elsa reste songeuse, imaginant l'aplomb dont ce radiologue a fait preuve pour nier ainsi pendant cinq ans les accusations à son encontre. D'où vient cette assurance, face à des dizaines de plaintes, d'avoir une chance de s'en sortir ? D'où vient ce pouvoir de se sentir au-dessus des lois, mais plus encore, au-dessus du commun des mortels ? Parce que médecin ? Par la protection que confère ce titre ? Par l'ordre qu'il institue dans les mentalités, qui méprise policiers et gendarmes qui ne savent pas à quoi sert une endoscopie ? D'où vient cette confiance qui lui rappelle exactement celle de Le Scouarnec ?

Elsa est d'autant plus perturbée qu'elle enquête pour la première fois dans le milieu hospitalier, elle ne s'y confronte en général que dans le cadre des expertises médico-légales, elle ne connaît personnellement aucun médecin à part son généraliste, tatoué, motard et fumeur de Gitanes, donc peu représentatif. Elle est frappée par l'ambiance qui émane des différents témoignages – alors que les anciens collègues de Joël Le Scouarnec défilent en audition –, la manière dont la violence sexuelle est refoulée vers la marge, traitée au mieux comme un problème de ressources humaines parmi d'autres, sans protocole spécifique. Car la plupart du temps, cela reste au stade de la rumeur, vague et malaisante, un doute qui se dilue dans la soumission à l'ordre tel que chacun le connaît. C'est un véritable gouffre, où le pire reste tapi jusqu'à l'explosion – si elle a lieu –, quand les plaintes s'accumulent et provoquent des aveux, ou quand on découvre un journal tenu pendant trente ans…

Elle y pense d'autant plus depuis qu'elle est tombée sur le cas de Louis-Étienne Buot. Ce n'était pas prévu, il était entendu en tant que témoin dans l'enquête sur Le Scouarnec, dont il était un collègue au CH de Jonzac. Mais cet anesthésiste de 63 ans, chef de service depuis 2011, a révélé consulter lui-même des fichiers pédopornographiques. Comme ça, d'un coup ! Elsa venait de lui signaler qu'elle avait retrouvé la trace d'une condamnation pour détention de ce type d'images datant de 2007. Elle lui a demandé s'il s'agissait bien de lui. Il a reconnu sans difficulté le verdict de son procès – du sursis – et l'amende de 2 000 euros, mais aussi l'absence de sanctions disciplinaires par la suite, son arrivée à Jonzac en 2011 dans de bonnes conditions – l'hôpital pâtissait de l'absence d'un anesthésiste depuis quelque temps déjà. S'il n'a pas mentionné de lui-même son casier à Elsa, c'est qu'il avait peur, précise-t-il, qu'on le mette « dans le même sac que Le Scouarnec ». Parce ce que lui, c'était différent : il ne consultait plus ces images « de façon aussi régulière ». Elsa a blêmi.

— Vous voulez dire que vous continuez à consulter ce type de fichiers ?

— Oui, c'est la vérité. Je pense qu'il va falloir que je me fasse soigner. Je considère ces images comme une évasion. Le fait d'en parler avec vous, je trouve ça motivant pour enclencher une démarche de soins. Lors du jugement, cela n'a pas été inscrit dans mon casier judiciaire, sinon je n'aurais pas pu exercer… Enfin, je suppose[1].

Encore une histoire de casier qui reste vierge… Mais c'est ainsi qu'Elsa s'est retrouvée face à de véritables aveux, simplement parce que l'occasion d'en parler s'est enfin présentée, avec les mots d'un coupable fatigué par sa liberté, qui en a assez de se cacher sans que personne ne le cherche. La gendarme a donc ouvert une procédure pour « faits nouveaux » et ses collègues ont perquisitionné chez lui. Après expertise de l'ordinateur de Buot qui lui servait aussi bien à son domicile que sur son lieu de travail, trois mille cinq cents images pornographiques et pédopornographiques ont été découvertes, celles-ci représentant principalement des fillettes, mais aussi des nourrissons. Sa femme, avec laquelle l'anesthésiste était marié depuis vingt-cinq ans et avait deux enfants, a déclaré n'avoir jamais été au courant de rien, affirmant qu'ils formaient une famille soudée.

Encore un parallèle avec l'affaire Le Scouarnec, même si les liens entre les deux médecins ne semblent pas aller au-delà des contacts professionnels : trois ou quatre appels par an, en général moins de deux minutes. Pas d'épisodes indiquant une quelconque complicité comme avec le docteur Frehat à Quimperlé. Mais le cas de cet anesthésiste peut apporter une nouvelle lumière sur le dossier Le Scouarnec. Était-il invisible lui aussi ? Personne n'avait rien vu non plus ? Est-ce que les prédateurs sexuels ont carte blanche à l'hôpital ?

1. Extrait de l'audition de Louis-Étienne Buot, anesthésiste à l'hôpital de Jonzac, à Poitiers, le 14 mai 2018 à 15 h 05.

Pour en avoir le cœur net, Elsa veut auditionner des membres du personnel soignant pour comparer les deux dossiers. Un matin, elle convoque une des infirmières du service de chirurgie, Elvire M., qui a longtemps travaillé avec les deux médecins. La femme de 50 ans se dit d'abord choquée, au sens littéral, de l'arrestation de Le Scouarnec. Elle évoque la confiance absolue qu'elle lui accordait, le respect et l'admiration qu'il lui inspirait. Elle affirme n'avoir jamais rien vu chez lui ou dans ses gestes qui aurait pu éveiller la moindre suspicion de sa part et, à son humble avis, de la part du reste de l'équipe médicale. Elsa l'informe alors des faits concernant l'anesthésiste et lui demande si elle n'avait jamais observé de liens particuliers entre les deux hommes. L'infirmière se décompose. Elle bafouille que non, qu'elle ne savait pas, que c'est terrible d'apprendre *ça* aussi du docteur Buot. Et l'audition officielle se termine là-dessus.

Elsa, un peu inquiète de la pâleur de l'infirmière et sentant que quelque chose d'autre pourrait en surgir, décide de la raccompagner sur le parking. En saisissant les clés de sa voiture, la femme aux cheveux raides se retourne vers la gendarme, hésite un instant avant de balbutier qu'elle ne devrait pas parler et qu'elle a peur d'en dire trop. À l'hôpital, confie-t-elle, chacun sait que le personnel ne doit rien communiquer à l'extérieur, c'est la règle dans ce genre d'affaires comme dans toutes les autres, il n'y a pas d'ordre officiel mais c'est la norme officieuse que tout le monde connaît. Des larmes affleurent sous ses paupières : elle sait depuis longtemps pour l'anesthésiste. Il avait des gestes « qui n'allaient pas », « des manières » de poser les électrodes sur les seins des patientes, de « les palper » en le faisant, de mettre aussi des suppositoires sans les gants, d'inspecter de trop près les corps, y compris des enfants… Elle l'a compris la première fois, quand il a insisté pour poser une sonde urinaire à sa place. Elle ne l'a pas laissé faire, mais elle n'a pas su exactement pourquoi. Pourquoi elle savait qu'il ne fallait pas, alors qu'il pouvait le faire… Parce que c'était juste une manière de regarder, de respirer, de toucher… Il n'y a pas vraiment de mots pour décrire *ça*. Mais avec une collègue, « maman elle aussi », elle a un jour osé évoquer ce qu'elle ressentait, et l'autre femme lui a dit qu'elle aussi, elle pensait que ça n'allait pas. Ensemble, elles se sont senties plus fortes, elles ont décidé d'en parler au reste de l'équipe et c'est comme ça qu'elles ont découvert que certains avaient connaissance de la condamnation de Buot, quelques années auparavant. Mais aucun ne pouvait dire quand ni pourquoi, pas un mot n'étant venu de l'administration à ce sujet. Les deux infirmières ont senti rapidement que ça dérangeait de remuer *ça*, les hommes surtout… Certains rappelaient qu'avant Buot, il n'y avait pas d'anesthésiste à temps plein à Jonzac et que cela rendait le travail au bloc difficile, alors il valait mieux ne pas faire de vagues pour ne pas se retrouver à nouveau dans cette situation. Pour d'autres, c'était surtout complètement infondé, parce qu'on n'accuse pas un médecin pour si peu, pour un vague sentiment que quelque chose ne va pas. C'était même un peu menaçant, du genre, attention, ça va se retourner contre vous, s'il y a une enquête, c'est vous qui allez être suspendues – parce que c'est ainsi à l'hôpital, le temps de savoir ce qu'il en est. Cela explique pourquoi tout signalement est vécu comme un échec, celui qui alerte en porte la responsabilité, parce que c'est lui qui avoue qu'il n'a pas su trouver de solution en interne. La procédure, soi-disant anonyme, passe par les RH quand même, alors il n'y a pas de doute sur la source, sur celui ou celle qui pose problème et bloque le fonctionnement normal de l'équipe… Sans compter que ça ne se fait jamais, pour une infirmière, de remettre en cause un médecin… Elvire a pris peur, elle a douté, elle s'est dit qu'elle était folle, qu'elle avait imaginé des choses insensées. Mais le malaise est resté. Lancinant. Jusqu'à ce que d'autres collègues viennent à elle, uniquement des femmes, lui disant qu'elles avaient remarqué aussi et qu'il fallait faire quelque chose. Alors Elvire a retrouvé du courage. Elles se sont organisées entre elles – infirmières et aides-soignantes –, en se disant simplement qu'elles se croyaient entre elles, pour protéger les patients. Elles ont rabattu les draps sur le corps des femmes et des enfants en présence de l'anesthésiste, elles les ont planqués comme des fugitifs face à la Gestapo, elles se sont chargées de toutes les interventions intimes avant l'arrivée du médecin. Ça a duré comme ça pendant des mois, des années même : la peur de parler, et le système D pour empêcher ce qu'elles n'ont jamais réussi à nommer. L'infirmière remarque qu'elles n'en parlaient même plus entre elles, que c'était devenu normal ou presque, comme un problème quelconque avec le matériel.

Devant sa vieille voiture, appuyée contre la portière comme pour ne pas tomber, Elvire confie alors à Elsa qu'elle pense bientôt prendre sa retraite, ou faire autre chose, elle ne sait plus très bien. Au départ, elle était animée par une véritable vocation, avec le sentiment de remplir une mission, de contribuer à sauver des gens, à rendre la vie meilleure quand justement elle est difficile. Aujourd'hui, elle ne le ressent plus. L'administration ne pense qu'à fermer les lits, les nouvelles recrues partent en milieu d'opération parce que c'est l'heure. Elle ne discerne plus le sens de son métier. Et maintenant, avec toutes ces histoires... C'est trop pour elle. Elsa observe ses traits tirés. L'infirmière est fatiguée. Elle ne reprend des forces que pour supplier la gendarme de garder pour elle son témoignage.

« Que cela vous aide à comprendre où vous mettez les pieds, lui dit-elle. Mais moi, personne ne me protégera si on sait que je vous ai raconté tout ça. »

Elsa comprend. Les femmes qui se croient folles, les petites mains qui se protègent comme elles peuvent de celles de leur hiérarchie et de leurs silences imposés, l'omerta organisée sous couvert de confraternité et de respect du fonctionnement « normal » de l'établissement.

Parce que même quand *ça* se voit, ça ne change rien.

Quelques jours plus tard, elle auditionne cette fois un médecin, le docteur Baudu, lui aussi chirurgien, qui a fréquenté Le Scouarnec. La gendarme lui demande :

— M. Le Scouarnec est-il venu chez vous ?

— Oui, à plusieurs reprises. Mais à un moment, nous avons décidé d'y mettre fin. Ma compagne avait en effet remarqué des gestes qui lui ont paru déplacés vis-à-vis de nos enfants en bas âge. C'est-à-dire qu'il prenait ma fille sur ses genoux, qu'il la serrait, et notamment une fois, il lui a mis la main sur les fesses. Ma fille devait avoir aux alentours de 6 ans, donc cela a dû se produire en 2008. Personnellement, j'ai pensé qu'il s'agissait de gestes mal interprétés, des gestes de grand-père. Ces gestes, je ne les ai pas vus personnellement, mais du coup, j'ai quand même décidé qu'il ne reviendrait pas chez nous. Donc c'est vrai que maintenant, en sachant ce qui lui est reproché, je suis fortement choqué. Je ressens comme une trahison. Je comprends qu'il puisse agir sous l'effet de pulsions, mais il pouvait refuser mes invitations pour éviter tout écart s'il se sentait incapable de se contrôler. J'en veux aussi à certaines personnes de l'hôpital qui manifestement connaissaient ses antécédents et ne m'ont pas prévenu alors que je suis son collègue, en contact journalier avec lui[1].

Après le départ du docteur Baudu, Elsa reste songeuse. Le comportement de Le Scouarnec était suffisamment « parlant » pour que la femme en fasse part à son mari et lui demande de ne plus jamais inviter ce collègue. Son conjoint, tout en affirmant ne pas partager son impression, a obtempéré, ce qui prouve qu'il avait quand même entendu son épouse. Pourtant, de retour à l'hôpital, c'est comme si elle n'avait jamais rien dit. Il n'a pas tenté d'en apprendre plus, par exemple si Le Scouarnec avait un passif dans le domaine sexuel, ou même envisagé d'observer furtivement comment celui-ci s'y prenait avec les enfants dont il avait la charge. Ne serait-ce que dans le doute ? Non, rien. À l'hôpital, c'est apparemment normal de laisser un

1. Audition du docteur Baudu, chirurgien, à la gendarmerie de Jonzac, le 19 mai 2017 à 19 h 05.

« grand-père » un peu limite palper le corps des enfants ; l'important, c'est de ne pas le laisser rentrer chez soi. Le docteur Baudu s'offusque après coup de ne pas avoir été tenu au courant du casier judiciaire de Le Scouarnec, mais il avait lui-même des informations qu'il n'a pas dévoilées, il n'a jamais évoqué dans l'enceinte médicale ce que sa femme pensait de Le Scouarnec. Il est « choqué » d'apprendre l'existence d'un secret alors même qu'il a contribué à le forger, en séparant vie privée et vie publique, la paix des ménages et l'Ordre des médecins.

Elsa cerne ainsi peu à peu la règle qui organise l'ensemble : on n'attaque pas les anomalies, on fait avec ; on ne les réveille pas, au contraire, on les évite pour qu'elles ne se retournent pas contre le reste de l'organisme. Elles font partie de la vie du corps médical. Et au fond, c'est obligatoire, de faire avec.

Elle se dit que l'hôpital fonctionne comme une famille : la résilience de l'un comme de l'autre tient dans l'organisation de ses silences « en interne ». Cela ne traverse pas une seconde l'esprit de sa sœur, de sa femme, de ses parents ou de ses amis, que celui qui agresse des enfants, ou les regarde seulement « bizarrement », est aussi celui qui leur ouvre le ventre et manipule leurs organes – y compris génitaux, car cela fait partie des attributions d'un chirurgien gastrique – toute la journée. Et inversement. Les collègues ne pensent pas à la vie privée des uns et des autres. Les infirmières rabattent les draps comme si Buot ou Le Scouarnec ne rentraient jamais chez eux, comme s'ils n'avaient pas d'enfants, pas d'amis. Les deux mondes, intime et professionnel, se complètent parfaitement car ils fonctionnent de la même manière : sans se regarder et, surtout, sans chercher à le faire, comme retenus par d'invisibles fils qui ne dessinent toujours qu'une expérience unique, isolée et sans conséquence, qui s'arrête à la limite du prisme individuel. Chacune des parties se croit ainsi indépendante du tout et l'anomalie demeure, protégée par chacun d'entre eux, comme la règle tacite permettant la poursuite de la vie ordinaire.

Mais cette anomalie – les abus sexuels – n'est jamais perçue comme réellement grave. *Ça* passe, on fait avec, on s'organise autour mais jamais contre. Un consensus silencieux se forge dans l'intimité des foyers pour ne pas trouver *ça* vraiment préoccupant. Elsa ne peut plus s'étonner de l'invisibilité de Le Scouarnec dans les couloirs de l'hôpital public comme dans le gouffre de son histoire familiale. Parce que rien ne s'oppose vraiment à *ça*. Dans la famille, comme à l'hôpital. La vulnérabilité côtoie l'impunité la plus totale. Là où les corps sont offerts comme à un dieu, il est facile d'en profiter. Et, quand on y pense, à la place d'un pédophile revendiqué comme Le Scouarnec, un hôpital est même le lieu idéal pour profiter d'un considérable vivier. Dans cet espace de « confiance », personne ne pense au blanc-seing que confère le port de la blouse sur le corps des enfants endormis, endoloris, piégés entre les murs d'une chambre ou d'un bloc opératoire. Parce que le docteur, c'est comme un père ou un prêtre. Il dispose d'un droit presque sacré sur les autres. On ne remet pas en question ce qui donne la vie ou la préserve. C'est anormal et dangereux de le faire.

Elle n'avait pas réellement conscience de *ça* avant Le Scouarnec. L'arrestation en 2017 d'Harvey Weinstein en même temps que lui aux États-Unis a provoqué une vague inédite de révélations sur l'ampleur endémique des violences sexuelles. Elle en a été frappée, elle a remis en question sa propre histoire, celles de ses amies, mais elle n'a pas saisi tout de suite jusqu'où ça pourrait remonter… ou plutôt descendre. Que la question, ce serait un jour pour elle de savoir où et comment *ça* commence, pourquoi *ça* continue, et surtout pourquoi chacun partage le sentiment d'avoir toujours connu *ça*. Dès l'enfance. Qu'elle aussi prendrait conscience de ses silences, de ses évitements, de ce qu'elle n'avait jamais jusqu'ici interrogé ou soupçonné, de peur de trahir, de salir, y compris des membres de sa famille, des proches ou des collègues.

Elle ne réalise que maintenant combien était forte l'injonction à ne pas penser à *ça*, à ne pas fouiller trop loin, à ne pas remuer l'immuable, à faire avec. Elle aussi a fait avec.

Elsa le comprend, mais c'est déjà trop tard. Le 25 mars 2019, la juge d'instruction de La Rochelle, qui coordonnait jusque-là les investigations, annonce sans préavis la mise en accusation de Le Scouarnec et son renvoi devant la cour d'assises de Charente-Maritime. Une « première partie » du dossier sera jugée à Saintes. La lecture de l'acte surprend Elsa, les quelques victimes présumées y figurant n'ont en effet pas grand-chose à voir entre elles. Deux nièces du chirurgien mais pas la troisième, pour qui les faits sont prescrits, Ninon, la jeune voisine, et une ancienne patiente, une seule, parmi les centaines qui devront attendre un deuxième procès. Pourquoi un tel partage ? Ça n'a pas de sens. Mais ton bonhomme n'allait pas passer dix ans en détention préventive, lui glisse Étienne, il faut un jugement pour le garder au chaud. Elsa acquiesce.

Sa partie est donc terminée. Le chef la félicite. Elle a débusqué un gros client, une très belle affaire pour elle et le service, ça se fête, mais il faut maintenant passer à autre chose. Elle sort de sa caserne sonnée comme après un combat, quand la cloche retentit sans avoir vu le dernier coup venir. Est-elle victorieuse ou vaincue ? La tempête recommence et brouille ses sens car la presse se jette sur l'affaire. C'est l'effarement. Le choc. « Le chirurgien de Jonzac » fait la une comme un nouveau Jack l'Éventreur, fascinant tel un mage qui aurait tenu pendant des années des « carnets noirs », déjouant le regard et l'interdit pour commettre l'innommable. Incroyable !

Elle regarde passer les articles, ces récits condensés des trente années pendant lesquelles Joël Le Scouarnec aurait commis ses crimes, elle sent qu'elle a vieilli, bien plus que sur le papier. Elle prend quelques jours de congé. Elle voudrait penser à autre chose, dormir un peu, mais ce n'est plus vraiment possible.

Rien n'est plus comme avant.

Elle sait

«1996. Un cataclysme est venu s'abattre sur moi et sur mon attirance pour les petites filles et les petits garçons : *Elle sait que je suis pédophile*[1]. Et dans ma peur irraisonnée, j'ai détruit sans réfléchir et irrémédiablement de précieux documents : la liste de toutes les petites filles et de tous les petits garçons dont j'ai abusé depuis dix ans, le récit de mes relations sexuelles avec des enfants depuis deux ans, des livres sur la pédophilie, des recueils de photos d'enfants nus, des récits pédophiles me mettant en scène avec des petites filles et des petits garçons. Ma folie destructrice était telle que plusieurs de mes petites filles sont mortes ce soir-là. Heureusement, j'ai épargné mes revues les plus précieuses, où des petites filles me montrent leur chounette et des petits garçons

1. En italique dans le texte original.

leur bistouquette, et surtout les photos que j'ai prises de Marianne, Audrey et Amanda, et de leur vulve enfantine. Mais évoquer le passé ne sert à rien. Je vais tout reconstruire et maintenant reprendre le fil de mes activités sexuelles pédophiles... »

Extrait du journal intime de Joël Le Scouarnec,
première entrée de l'année 1996.

UNE ÉPOUSE

À peine entrée dans l'adolescence, Nicole semble avoir toutes les assurances[1]. Trop, aux yeux de sa mère, qui lui demande de « faire attention ». La nuit, c'est différent, elle se réveille souvent en sursaut, suante et persuadée d'être épiée, dégoûtée par sa propre peau. Pour se calmer, elle cherche à percevoir le bruit des vagues, au loin, quand il y a du boulet et que l'océan s'engouffre dans l'estuaire de Saint-Nazaire. Si le silence demeure, l'angoisse soutient le jour, tapie sous ses sourires et le déhanché qu'elle travaille devant la glace.

---

1. Pour rappel, comme dans le reste de l'ouvrage, le chapitre qui suit est une reconstitution littéraire établie sur la base de faits mis en lumière par le dossier ou déjà rendus publics, les personnages dont il est question ayant refusé de s'exprimer. Des éléments tels que la trajectoire psychologique qui leur est prêtée, la description de certaines scènes ou émotions, relèvent ainsi d'une pure interprétation subjective de l'autrice. Il s'agit, par ce prisme créatif, de cerner les mécanismes universels du déni qui semblent avoir été à l'œuvre et qui permettent de mieux comprendre le déroulé d'affaires comme celle de Joël Le Scouarnec.

À 18 ans, tout le monde lui dit qu'elle est belle, elle en joue, c'est vrai, aime les robes aux tons vifs et se faire remarquer en toute occasion. Si son intention est de se marier très vite, elle est bien décidée à ne pas se contenter de n'importe qui, puisqu'elle veut vivre la belle vie telle qu'elle l'aura choisie. Elle veut d'ores et déjà des enfants, trois, mais pas plus. Elle ne veut pas non plus passer pour une potiche – elle fera donc des études – et encore moins pour une bonniche, comme sa mère, qui paraît vingt ans de plus que son âge. Le destin de femme au foyer que Nicole se réserve est bien différent de celui d'une femme recouverte par six enfants et des millions de prières, elle le désire synonyme de temps pour soi, de sport et de jardinage, de musique et de lecture.

Elle s'inscrit au concours d'entrée en école d'infirmière, non sans imaginer peut-être qu'il s'agit de la meilleure manière pour une femme issue d'un milieu ouvrier de rencontrer un beau médecin. Elle est très déçue de ne pas être reçue à l'examen mais qu'à cela ne tienne, elle se tourne vers une formation rapide d'aide-soignante, puisque de toute manière, elle ne compte pas travailler longtemps.

1972. Elle est embauchée à Paris, à l'Hôtel-Dieu. Paris ! Loin des chantiers de Saint-Nazaire, Nicole s'épanouit sous les toits gris, adopte les pantalons pattes d'éph' en velours côtelé, teint ses cheveux bruns de reflets cuivrés. Elle loge dans un appartement à Courbevoie – c'est moins cher –, se fait quelques amies au travail, sort un peu mais sans excès. Elle cultive ses airs bourgeois en évitant l'alcool et les couleurs trop vives.

Apprécie-t-elle la vie à l'hôpital ? L'espace y est bruyant, l'atmosphère chargée d'antiseptiques pique les narines, le soin des corps malades peut provoquer des haut-le-cœur. Même si elle ne manque jamais de respect à quiconque, la litanie des jérémiades et des plaintes en tout genre a de quoi lui donner rapidement la migraine. Elle ne ménage pas sa peine pour autant. En apparence, elle a tout d'une soignante dévouée et récolte en conséquence d'excellentes évaluations sur son travail. Elle est jugée solide.

Le bon côté du service reste la folle animation qui y règne au contact des internes. C'est un hôpital universitaire et les futurs médecins s'y pressent – tous des hommes –, créant un climat propice aux rencontres dans les couloirs. Nicole est courtisée mais se montre prudente. Elle s'amuse des œillades, les recherche, tout en affichant une certaine distance, soucieuse d'éviter les mains trop lourdes et les jugements faciles qui gâcheraient sa réputation. Elle cherche « le bon ».

Ainsi qu'un parapluie. Un soir de juin, elle est encore en blouse rose, à la fin de son service, quand elle découvre qu'il pleut à verse dans la rue, et qu'elle n'a rien prévu pour son trajet à pied jusqu'au métro. La protection qu'elle aperçoit alors est accrochée sur un portemanteau dans la salle de garde des externes du service. En dessous, un homme en blanc qui lui semble âgé d'une trentaine d'années, avec des lunettes et un début de calvitie, est assis sur un banc. Nicole ne l'avait jamais remarqué auparavant. Elle s'approche et lui demande si, par hasard, le parapluie ne serait pas à lui. Il lui confirme que oui, et qu'elle peut le lui emprunter si elle veut, puisqu'il entame une garde de vingt-quatre heures. Le médecin la regarde à peine, ne se lève même pas pour lui confier son bien, Nicole s'en saisit donc par elle-même, merci beaucoup, avant de rentrer chez elle. Sur le chemin, elle se réjouit d'être au sec mais se découvre taraudée par l'absence d'intérêt manifestée par cet homme à son égard.

Le lendemain, elle n'est pas censée travailler mais se fait un devoir d'aller rendre le parapluie à son propriétaire. Ce n'est pas spécialement pour lui, mais elle se prépare avec soin : talons, pantalon taille haute, chemisier clair. Elle brosse aussi longuement ses cheveux qui, lâchés, frôlent presque ses reins. Dans le service, elle attend un moment, saluant les uns et les autres qui s'étonnent de la trouver là, mais elle ne connaît pas encore le nom de celui qu'elle dit chercher.

Le voilà. Cette fois, c'est une autre histoire. Elle lit tout de suite dans ses yeux qu'il a remarqué son allure et que celle-ci lui plaît beaucoup. Il regarde même un instant ses cheveux sans rien dire, scotché, elle savoure. Vous n'auriez pas dû. Mais si, voici votre parapluie. Merci. Non, je vous en prie, merci à vous. Je me présente, Joël Le Scouarnec. Enchantée Joël, Nicole.

Le lendemain, ils se recroisent, et Joël invite Nicole au cinéma. Étrangement, elle ne dit pas non comme elle l'aurait fait avec un autre. Peut-être la timidité qu'elle ressent chez lui, son côté gauche, son évident sérieux, ou encore sa démarche austère lui donnant l'air plus âgé… ces infimes détails lui inspirent une confiance immédiate. Même quand il lui propose un film d'horreur en guise de première soirée. Elle le trouve touchant, grand adolescent dans un corps de vieux sage, bien parti pour réussir dans la vie. Il n'a que 23 ans.

Leur relation prend vite un tour plus sérieux. Dès leurs premières soirées ensemble, dans l'appartement de Courbevoie, il ne lui cache pas son innocence : il n'a jamais été avec aucune femme, ne s'est toujours consacré qu'à son travail. Ce n'est pas un problème pour Nicole, au contraire, séduite par l'exclusivité qu'il lui réserve et la toute-puissance que celle-ci lui confère. Elle le trouve doux, sensible, réservé mais drôle quand il se détend, elle aime la collection de disques d'opéra et de livres qui peuple sa chambre d'étudiant.

Quelques mois après l'histoire du parapluie, il la demande en mariage, elle accepte. Quand Nicole présente Joël à sa famille, elle ressent pleinement sa victoire. Un futur médecin ! Sa mère est comblée par ce gendre idéal, bien élevé, cultivé, bientôt riche tout en venant d'un milieu simple, comme le sien, ce qui le rend d'autant plus attachant. Sandrine aussi tombe sous le charme, sa sœur ne lui a pas menti, elle se sent tout de suite à l'aise avec lui, comme avec un nouveau frère.

Juin 1974. Un mariage simple et religieux – bien que Nicole et Joël ne soient plus guère croyants – réunit les deux familles dans l'harmonie, comme si c'était écrit. Nicole rayonne sur les terres de son enfance, à Saint-Nazaire, loin du boulet des flots. Sandrine observe l'assurance de sa sœur avec affection, même si elle se demande si celle-ci ne prendrait pas un peu vite de grands airs, de ceux qui font lever les yeux avec mépris face à ce qui signait jusqu'ici leur monde commun. La bienveillance de Joël rassure toutefois la cadette. Il ne se vante de rien, s'habille comme un moine, la tête vissée sur son chandail.

Nicole et Joël s'installent quelque temps à Palaiseau, en location, puis Joël part pour son service militaire, d'abord à Libourne, avant d'être intégré « en tant que médecin » au centre de sélection de Vincennes ; « officier en grade de sous-lieutenant », elle aime la consonance de ces titres qui bâtissent son CV, il peut de plus rentrer chaque soir. Nicole est fière de lui. Une fois son service terminé, il prépare les concours pour l'internat de médecine. Sa femme continue à travailler de son côté en tant qu'aide-soignante, c'est la rançon des longues études qui attendent encore Joël pour devenir chirurgien, ce qu'il a toujours souhaité. La première année, il ne se présente au concours qu'à Paris. C'est un échec. La confiance de Nicole reste inébranlable. Elle l'encourage, bien qu'il n'ait besoin de personne pour s'imposer la charge de travail la plus intense. La seconde année, il présente Paris, Lille et Angers. Il échoue à nouveau. Il ne peut passer l'internat que trois fois et dans trois villes différentes au maximum. Quand il lui annonce la nouvelle, il s'effondre en pleurs devant elle pour la première fois. C'est un choc de le voir dans cet état, mais Nicole ne tremble pas. Au contraire, elle est galvanisée par la perspective d'avoir un rôle à jouer dans leur réussite, qui n'en sera que plus partagée. Cette fois, il a besoin d'elle pour retrouver le courage de présenter l'internat une dernière fois, à Nantes. Elle le polit au quotidien, à la manière dont on entraîne un champion avant l'ultime compétition, tout en enchaînant les gardes à l'hôpital pour assurer leur niveau de vie. Ils attendent ensemble, fébriles, les résultats qui doivent tomber à la fin de l'été. Quand la nouvelle arrive enfin, ils sont fous de joie l'un et l'autre, heureux de pouvoir continuer leur route après avoir frôlé le précipice.

Septembre 1978. Le couple s'installe dans un petit appartement simple dans une ruelle de Nantes. Retour au pays pour Nicole, et à ses origines bretonnes pour Joël. En breton, Le Scouarnec signifie en effet «grandes oreilles», et ça les fait rire, eux qui «s'entendent si bien» au quotidien. Nicole a pris le goût du travail. Elle se révèle même hyperactive quand il s'agit de soutenir l'ascension de son mari. Toutefois, elle en a assez de son métier d'aide-soignante et s'inscrit dès leur arrivée à Nantes dans une agence d'intérim. Elle trouve rapidement un emploi de secrétaire dans une agence immobilière. Elle s'y fait une amie, Marie-Claire, qui lui présente bientôt son mari, André. Ils passent d'excellentes soirées tous les quatre. Nicole est joyeuse, elle aime séduire, mais cela ne va guère au-delà, Joël est trop gentil, elle ne le trahira pas. Il travaille toujours autant, l'atmosphère de leur foyer est douce, bercée par les rêves de leur future installation. Il n'est pas très tactile, mais cela convient très bien à sa femme. Nicole se sent en sécurité dans ses bras, il ne cherche pas sans cesse à se frotter, semble même par moments indifférent aux appels de son corps, Nicole y voit le gage d'un certain respect. Ils ont des rapports sexuels de temps en temps, quand elle le demande, et c'est largement suffisant. Elle peut dormir tranquille.

En 1980, Nicole accouche d'un premier fils, Alban. Cette naissance lui impose un rythme effréné alors que Joël finit son internat, mais elle est heureuse d'avoir un garçon comme aîné de la fratrie qui viendra. Elle prend d'autant mieux sur elle, les premiers mois, que la sortie du tunnel est proche. En 1981, Mitterrand est élu président mais elle ne s'en soucie guère, Joël termine son internat, il est nommé chef de clinique et c'est ça le plus important. Il commence à mieux gagner sa vie, il sait que c'est essentiel pour Nicole qui attend dès 1982 leur deuxième enfant, Sébastien. La famille s'agrandit et les fins de mois sont difficiles, alors quand Joël reçoit la proposition d'une clinique privée de qualité, située à Loches, en Indre-et-Loire, il accepte. Nicole exulte. Les conditions de vie comme de travail y seront excellentes, Joël pourra y constituer sa propre clientèle et partager des gains équitables avec les deux fondateurs renommés de cette clinique plutôt chic et superbement équipée.

Le couple part visiter la région qu'ils ne connaissent ni l'un ni l'autre. Derrière une église, dans un hameau non loin de Loches, une grande maison blanche se dessine soudain parmi les arbres, bientôt présentée par l'agent immobilier comme « un manoir ancien de seize pièces », cerné par un jardin fleuri. Nicole tombe amoureuse des pierres. C'est ici qu'elle veut vivre. Le loyer est élevé, mais ils peuvent se le permettre, à défaut d'avoir suffisamment en banque pour acheter.

La belle vie, enfin ! Nicole s'empare du manoir, en investit chaque recoin pour en faire l'idéal tant espéré, les assiettes de porcelaine et les verres de cristal remplissent les armoires de la salle à manger. Les deux garçons ont chacun leur chambre, il en reste quatre disponibles en plus de celle des parents, ils pourront recevoir les amis, la famille sans compter. Une grande table en fer forgée est installée dans le jardin pour les soirées d'été, le grenier aménagé pour que les petits invités puissent y dormir. Nicole aime remplir de grands vases avec les fleurs et les gerbes hautes cueillies dans son jardin. Elle porte des tailleurs couleur crème et les cheveux coupés aux épaules, s'offre des permanentes dignes de son statut, sa mise en plis est toujours impeccable. Nicole est une épouse et mère de famille épanouie au cœur des années 1980.

Joël travaille beaucoup mais, quand il est là, il se montre prévenant envers sa femme, attentionné même si lointain pour ses enfants. Il n'a qu'un seul rêve maintenant qu'ils ont de l'argent : s'offrir un piano. Marie-Claire Verneuil, la chère amie rencontrée à Nantes, est alors de bon conseil : elle le met en lien avec de fins connaisseurs, Mathilde et René Berléand, qui tiennent un magasin. Il devrait passer par eux. Après une longue conversation téléphonique, Joël est enthousiaste, ils ont exactement ce qu'il cherche, un magnifique Steinway d'occasion dont les Berléand assurent eux-mêmes la livraison quelques semaines plus tard. Dès cette première rencontre, Joël ressent une amitié immédiate pour ce couple mélomane, approuvé par Nicole ravie de voir son mari comblé. Elle se presse de les inviter à revenir passer quelques jours au manoir, cette fois accompagnés de leurs deux petites filles âgées de 5 et 8 ans, Jeanne et Héloïse. Les Berléand intègrent la petite troupe d'amis régulièrement reçue, et dans laquelle ils retrouvent les Verneuil.

Cela fait partie des plaisirs de Nicole : recevoir. Les Verneuil, les Caillon, les Berléand, les Gratin. Sa petite sœur Sandrine, ou celle de Joël, Monique, qu'elle apprécie désormais presque plus que la sienne. Ils viennent souvent passer quelques jours chez eux, avec leurs enfants qui rejoignent Alban et Sébastien pour de folles parties de cache-cache. Non que Nicole soit particulièrement friande des longs repas qui n'en finissent pas, au contraire de Joël, mais elle adore les préparer, ouvrir la porte aux amis, les entendre s'exclamer d'admiration, la remercier longuement… l'envier. Ce n'est pas la réciprocité qui intéresse Nicole, c'est au contraire sentir ce qu'elle a de plus que les autres : la santé, la beauté, ou l'argent. Idéalement, tout ça à la fois. Elle ne cherche donc pas à fréquenter des gens comme elle, des bourgeois, des « égaux » qui pourraient remarquer l'extraction modeste de son couple. Elle s'en tient plutôt avec ferveur à sa famille, aux amis du passé, à ceux qui louent sa fidélité tandis qu'elle se délecte de les surpasser. Joël n'est pas comme elle. Il apprécie sincèrement cet entourage, ne cherche pas la reconnaissance d'un groupe social plus élevé, sa femme le pense même incapable de la duplicité nécessaire pour y parvenir. Quand il n'est pas à l'aise, ce n'est pas compliqué, il est presque mutique. Ni l'un ni l'autre n'aspirent à élargir leur cercle amical. Les époux, dont les caractères pourraient sembler opposés, ne partagent guère de loisirs ni ne pensent de la même façon. Ils n'en sont que plus complémentaires. Le calme et l'humilité de Joël tempèrent les grands airs de

Nicole, et celle-ci se sent avec lui à l'abri des tempêtes, au milieu des terres tourangelles.

Même quand Joël s'enferme des heures dans son bureau pour étudier son piano, sans adresser la parole à quiconque, Nicole n'y voit aucun mal. Il peut bien s'autoriser quelque répit étant donné la charge qui est la sienne à la clinique. Il ne cesse d'ailleurs de progresser dans son art et Nicole, qui fuyait l'écoute de ses premiers exercices, lui prête désormais une oreille charmée, cachée derrière la porte du salon qu'il garde fermée pendant qu'il joue.

Ils ont maintenant trois enfants, un petit dernier est arrivé en 1987, encore un garçon, comblant les vœux de Nicole. Elle ne sait pas pourquoi, mais à chaque fois, elle a été soulagée de savoir qu'elle n'attendait pas une fille. Une femme de ménage vient un matin sur deux et l'aide aussi avec les enfants. Bien que très occupé par son travail, Joël est attentif aux besoins de chacun. Il a même été élu représentant des parents d'élèves dans leur école. Il donne autant de temps qu'il le peut, même si c'est peu, tente d'initier ses garçons à la musique mais le classique et le jazz qu'il écoute ne les intéressent pas, pas plus que le piano. Il peine à construire une réelle proximité avec ses trois garçons qui ne jurent que par leur mère. Quand Sandrine ou Monique sont là, il s'en console en donnant des cours particuliers à ses trois nièces, elles ont l'air contentes même si ça fait surtout plaisir à leurs parents. En le voyant être si doux et câlin avec ces petites filles, les prendre sur ses genoux et leur faire des bisous, Nicole est vaguement taraudée par un sentiment de culpabilité.

Peut-être regrette-t-il de ne pas en avoir une à lui ? Peut-être est-ce pour cela qu'il est aussi tactile avec elles ? Mais il s'y fera, se rassure-t-elle, tant il est hors de question pour elle de tenter le diable avec un quatrième enfant. Elle organise donc avec d'autant plus d'enthousiasme les invitations pour de prochains week-ends avec les enfants des autres.

Le quotidien est doux, Nicole aime l'atmosphère de sa maison quand elle est remplie d'enfants, cela convoque les souvenirs joyeux de sa propre enfance, avec ses quatre frères et Sandrine. Elle propose ainsi régulièrement à sa sœur comme à celle de Joël de lui confier leurs enfants, pour qu'elles puissent se reposer alors qu'elle-même a tant de temps disponible, y compris pendant les vacances. Parce qu'avec Joël, les voyages, c'est tous les dix ans ! Nicole s'est aussi prise d'affection pour une aide-soignante de la clinique de Joël, Emmanuelle, qui vient de perdre son mari et n'a personne pour l'aider avec ses deux fillettes. Alors elle invite régulièrement les petites à la maison pour la nuit, quand leur mère doit assurer ses gardes.

Elle remarque toutefois que Joël dérive de plus en plus dans sa bulle. Il passe son temps libre enfermé tandis qu'elle aime le sport et le grand air, les roses et le vélo sur les chemins de terre. Il se nourrit d'ombre alors qu'elle manque de soleil. Elle voudrait revoir la mer, mais plus belle et plus douce qu'à Saint-Nazaire. Pourquoi ne pas partir aux Bermudes ou encore aux Seychelles ? Elle imagine déjà ses doigts de pieds réchauffés sous le sable. Joël invoque ses responsabilités mais finit par céder : ce sera la Grèce ! Nicole planifie tout dans les moindres détails : Monique gardera les garçons, ils dormiront chez les Verneuil chez qui ils laisseront leur voiture avant de prendre l'avion. Une semaine dans les plus beaux hôtels. Nicole achète sept maillots de bain. Un pour chaque jour. Ce séjour luxueux lui fera un bien fou. Au retour, elle ne souhaite pas s'attarder chez les Verneuil comme à l'aller. Elle a hâte de revoir ses enfants. Elle trouve aussi que Marie-Claire aurait pu se lever le matin de leur départ pour leur dire au revoir.

La vie quotidienne semble plus douce à Nicole par la suite, même si troublée par l'attitude des Verneuil. Par trois fois, Marie-Claire et André ont décliné ses invitations sous de drôles de prétextes. Et depuis quelques mois, c'est même le silence radio qui s'est installé : plus de réponse aux lettres ni aux appels, sans que personne de leur entourage ne puisse expliquer ce revirement. Nicole s'inquiète mais convoque rapidement son orgueil pour ne pas chercher plus loin. Elle ne va quand même pas se rouler par terre pour les recevoir comme des rois : ils sont sûrement jaloux, envieux. Tant pis pour eux, elle ne les préviendra pas du prochain week-end qu'elle prévoit avec leur bande d'amis. C'est la vie.

Qui continue ainsi jusqu'en 1994, jusqu'à ce matin d'été où Joël lui annonce de but en blanc qu'il va quitter la clinique et que toute la famille doit déménager pour Vannes dans les plus brefs délais. Nicole est atterrée. Mais comment ça ? Pourquoi ? Pour un autre poste ? Elle perd pied. Et notre maison ? Mes rosiers ? Les enfants si heureux ? Le festival musical annuel de Loches ? Que se passe-t-il, mon Dieu, que se passe-t-il ?

Son mari se montre inflexible. Il lui explique sommairement qu'il faut quitter le navire avant qu'il ne coule, que ses deux associés – que Nicole connaît bien et apprécie – sont en réalité des félons, qu'ils vont lui faire la peau. Et qu'il ne demandera même pas la part investie en fonds propres dans le matériel de la clinique tant leur départ est urgent. Nicole s'effondre, son verre en baccarat se brise, des éclats partout. Mais quelle folie ! Joël tente de la rassurer : un poste lui est acquis dans une autre clinique privée, en plus d'un poste à l'hôpital public où il a déjà exercé. Leur mode de vie n'en pâtira pas, c'est promis. Mais le manoir ? Nous trouverons mieux.

Vaincue, Nicole commande les cartons de déménagement. Elle cherche dans les alentours de Vannes, mais rien ne ressemble à sa demeure de Loches, même de loin. Une autre maison blanche, neuve celle-ci et bien plus petite, finit par faire l'affaire. En location toujours. Quelle déchéance. Dans sa frustration, l'insouciance des dernières années s'évapore, l'inquiétude se saisit d'elle : et si son mari lui cachait quelque chose ? Sinon, pourquoi partir dans une telle précipitation ? Nicole devient suspicieuse – ce qui n'avait jamais été le cas auparavant tant elle pensait régner sur l'intimité de son mari –, se demandant soudain si cet homme ne lui jouerait pas un mauvais tour, avec des histoires de jeux et d'argent, une maîtresse, qui sait ? Et s'il gagnait plus qu'il ne le dit ? Et s'il possédait un compte à part ? Ils ont un compte commun, mais lui seul déclare les impôts. Elle lui a toujours fait une confiance aveugle en la matière, à tort peut-être ?

Alors de temps en temps, elle fouille, épluche les

relevés de la banque, n'y voit rien de suspect ou d'excessif en dehors de ses propres dépenses. Dans le bureau, elle découvre qu'une armoire est fermée à clé, cela l'irrite mais elle n'en dit rien à Joël. Une ombre plane sur son couple, elle le sent bien. Depuis la naissance de Stephan, leurs rapports intimes sont presque inexistants, Nicole n'en éprouve plus l'envie, et Joël semble préférer vivre sans.

Malgré la distance qui s'installe, elle l'observe plus qu'avant et s'agace de sa manière de s'isoler avec Wagner alors qu'elle s'occupe seule de leurs trois garçons. Il pourrait participer davantage à leur vie de famille, pense-t-elle, plutôt que de charmer les petites filles comme un papy gâteau en manque d'affection. Il est ridicule avec ses nièces, à les couvrir des papouilles dès qu'il le peut, ça en devient gênant. Surtout que ça pourrait finir par se voir de l'extérieur. La dernière fois, une copine de Stephan est venue jouer à la maison. Quand elle est arrivée sur le pas de la porte, Nicole a surpris le regard de Joël sur elle. Émerveillé comme un gamin face à un énorme gâteau au chocolat, alors que la mère de la petite se tenait encore à ses côtés. Nicole a eu honte un instant, elle a dû faire diversion, refermer bien vite la porte. Elle a été traversée d'un doute : d'où venait ce regard ? Que cherchait-il chez cette fillette ? Un mélange confus de jalousie et de colère s'est creusé en elle.

Elle continue à fouiller, de temps en temps, y compris dans les poubelles. Un matin de 1996, elle déplie une feuille chiffonnée trouvée au fond de la corbeille, dans une enveloppe sans timbre ni adresse. C'est un dessin dont elle reconnaît le trait : il est de la main de Joël. Une petite fille la regarde, cuisses écartées, en faisant pipi. Elle se tient au milieu d'une forêt. La tête de Nicole s'y perd.

Le soir, quand Joël rentre, elle brandit la feuille sous son nez : Alors c'est ça, ton petit secret ? C'est ça que tu ranges dans ton armoire ? Des délires de pervers ? Joël ne nie pas. Il a des fantasmes de toutes sortes, rien que des fantasmes, par ennui. Sa femme le toise, blanche de rage : toi, des fantasmes ? Toi qui ne désires rien, ne touches rien, et surtout pas moi ? C'est ça que tu entreposes dans ton armoire ? Montre-moi ! Joël obtempère. Il sort une petite clé de sa poche et, dans son bureau, ouvre les battants de l'armoire. Nicole est saisie. Comme par des flashs. Revues porno, poupées, livres et dessins, boîtes remplies d'elle ne sait quoi. Ferme ça ! Elle ordonne : il faut tout détruire ! Joël baisse la tête, acquiesce. Pardon. Nicole le scrute pour s'assurer de sa complète soumission.

Maintenant, Joël. Tu détruis tout ça, maintenant.

Elle a le sentiment d'avoir repris le contrôle. Elle aménage une des chambres d'amis comme la sienne. Pour les enfants, c'est une histoire de confort qu'ils n'interrogent pas un instant venant de leur mère : papa ronfle, c'est insupportable. Pour elle, c'est une libération : elle dispose désormais d'un grand lit pour elle seule, loin de celui dont elle ne veut plus rien penser. Isolée, Nicole se convainc que tout est en ordre, et qu'elle dort bien mieux comme ça, qu'elle aurait même dû y penser avant. Elle n'est trahie que par le retour de ses cauchemars, de sa peau en sueur sans aucun mot pour l'expliquer, l'angoisse sourde alors qu'elle se recoiffe dans le miroir. Peut-être aussi qu'un soir, elle a dit quelque chose de ça à Monique. Elle ne sait plus, elle espère que non. La seule pensée de s'être confiée la remplit de honte. Alors elle chasse ses fantômes à grands coups de sécateur. Les fleurs coupées tombent à ses pieds. Ses bouquets sont encore plus beaux, plus hauts que les années précédentes.

1997. Elle apprend la mort brutale d'un deuxième frère, elle qui a déjà vécu le décès soudain de Laurent, son frère adoré, quand elle avait 13 ans. À nouveau, elle s'effondre en larmes dans les bras de Sandrine. Même si elles se fréquentent souvent – Sandrine est toujours venue les voir, au manoir comme à Vannes –, une certaine distance s'est installée entre elles depuis quelques années. Les deux sœurs ont le sentiment de se retrouver.

Après la cérémonie d'enterrement, elles vont boire un verre. L'alcool amoindrit les défenses de Nicole, elle ne peut s'arrêter de pleurer si bien que Sandrine s'inquiète. Elle n'était pas si proche de leur frère, en tout cas moins qu'elle, que se passe-t-il ? Nicole craque. Avoue ses difficultés de couple, les chambres séparées, la disparition de leur entente. Prise dans le flot, elle confesse la découverte de revues porno, peut-être même son intérêt pour les enfants, entre autres choses terribles. Sandrine la regarde étrangement. Tu crois vraiment pour les enfants ? Nicole parle du dessin, il a peut-être des choses comme ça dans la tête, elle ne sait plus, elle est perdue. Sandrine lui murmure alors qu'elle doit lui parler de quelque chose. C'était il y a quelques années, vers 1983, quand Joël venait passer une ou deux nuits de temps en temps chez eux, pour assister à un congrès médical à Nantes alors qu'il vivait avec Nicole à Loches. Un soir, il y avait des amis à la maison, Sandrine s'est levée pour aller chercher sa fille Amanda, qui devait avoir 5 ou 6 ans, à l'étage. Dans sa chambre, elle l'a trouvée avec Joël, et lui était en train de l'embrasser… sur le haut des fesses, en tenant sa culotte baissée. Sa fille était debout, lui assis sur le lit, habillé. Elle ne pense pas qu'il l'ait aperçue à la porte. Elle a reculé tout de suite, ne sachant pas si elle avait vraiment vu ce qu'elle venait de voir, ou si elle imaginait des choses à cause d'autres histoires entendues ici et là. Nicole voit sans doute de quel genre… Alors, à l'époque, elle s'est dit qu'elle débloquait sûrement, qu'elle était folle, que le verre de vin pris à l'apéritif lui montait à la tête… Depuis l'escalier, elle a appelé sa fille tout haut, et c'est Joël qui a répondu « On est là ! », le plus normalement du monde. Quand, cette fois, elle est entrée dans la chambre, sa fille était rhabillée. Elle a douté, mais elle en a quand même parlé à son mari le soir, et c'est lui qui a décidé de faire dormir Amanda entre eux dorénavant, quand Joël serait chez eux ou quand ils leur rendraient visite à Loches. Nicole sait bien qu'ils demandaient toujours la chambre avec un deuxième lit pour garder leur fille à leurs pieds. Sandrine n'en a jamais parlé avec Joël, elle s'est convaincue que ce n'était pas possible, que c'était un membre de la famille, que c'était dans sa tête à elle. Son mari n'a pris des mesures que pour éviter à sa femme de se croire complètement folle, mais ils n'en ont jamais reparlé ouvertement. Elle ne voulait surtout pas faire de mal à Nicole sans raison, c'est pour ça qu'elle ne lui a rien dit depuis… Mais si sa sœur elle-même a des doutes, alors peut-être…

Nicole fixe Sandrine en silence, les yeux secs, redressée. Elle retire ses mains jusque-là blotties dans celles de sa sœur. Peut-être quoi ? Où veut-elle en venir ? Mais tu sais quand même que « ça arrive à beaucoup d'hommes d'aimer les petites filles[1] », lui lance-t-elle. Il faut se réveiller, Sandrine. Les hommes ont des besoins, des faiblesses, tout le monde le sait, ça n'en fait pas des criminels pour autant !

Sa sœur recule sur son siège : « Non, je ne crois pas. Mon mari n'est pas comme ça, je pense qu'il est sain[2]. »

Nicole n'aime pas le jugement qu'elle perçoit dans sa voix. Pour qui se prend-elle ? La jalousie de Sandrine est évidente, elle lui inspire le pire, la calomnie. Et quand bien même elle dirait vrai, elle ferait mieux de prendre un peu sur elle plutôt que de venir déverser sa haine quinze ans après sa pseudo-vision d'horreur. Les hommes sont ainsi, et ça ne tue pas les femmes. Sandrine se plaint de ce qui ne l'a jamais dérangée jusqu'ici. Elle est mariée, elle a deux enfants, et soudain, le grand traumatisme ? Nicole se lève, balance un billet sur la table : je t'invite.

Elle quitte le café sans se retourner.

Alors qu'elle s'installe au volant de sa voiture, juste avant de démarrer, la nausée surgit dans sa poitrine. *Ça* remonte. Elle tente de se défendre. *Ça* remonte plus fort. Non, non, non, tente Nicole. Elle a 6 ou 7 ans, un ami de ses parents profite d'un moment dans le jardin ouvrier pour lui glisser une main dans la culotte. Les adultes rient

1. Propos rapporté par Sandrine L., sœur de Nicole Le Scouarnec, auditionnée le 4 juillet 2017 à la gendarmerie de Jonzac.

2. *Ibid.*

un peu plus loin, ses mots à lui dans son oreille, « tout le monde le fait[1] ». Il est instituteur, il aime les enfants, c'est normal. Maman fait ses prières, elle n'a pas le temps entre deux tâches ménagères, *ça* va passer. Nicole n'insiste pas pour en parler parce que c'est sale. *Ça* n'a pas de nom. Alors *ça* recommence, à chaque fois que le monsieur leur rend visite, pendant plusieurs années. Combien de temps ?

Nicole lâche un cri de rage. Idiote. Tais-toi. Pleureuse, chialeuse, morveuse. Tu ne vas pas commencer comme Sandrine à prendre mal ce qui arrive chaque jour. Tu ne seras pas du côté de ces fêlées qui s'en remettent à Dieu pour se sauver. Qui croupissent seules à se lamenter sur leur passé, les cuisses fermées, répugnantes. Nicole écoute en suffoquant « cette autre », son double intérieur, qui lui parle ainsi depuis si longtemps.

Sandrine sait très bien, car toutes les femmes le savent, que *ça* arrive et qu'il ne faut pas en parler. De vieux garçons qui rentrent dans la chambre des petites filles. S'assoient au bord de leur lit. Relèvent les draps. Respirent plus fort. Comme les autres, Sandrine sait que les enfants font semblant de dormir et ne disent rien pendant les cinquante ans qui suivent. Et pourquoi ? Parce qu'il faut vivre ! Alors non, Nicole ne reviendra pas en arrière pour pleurer sur son sort ou sur celui de sa nièce.

L'autre insiste : Ressaisis-toi ! Les victimes sont haïssables. Pour ne pas en être une, il faut condamner toutes les autres, sans pitié. Qu'elles se taisent, qu'elles remballent leur honte.

1. Extrait de l'audition de Nicole Le Scouarnec, gendarmerie de Jonzac, 20 juin 2017, 8 h 50.

Parce que c'est ça ou mourir. Il faut achever, tuer, affamer celles dont on détourne les yeux avec dégoût pour laisser la place à celles qui brillent, qu'on désire et qu'on admire.

Tu m'entends ? Choisis la vie, pas la pitié.

Deux femmes se battent, une seule s'en sortira.

Nicole ouvre sa portière et vomit. Reprend son souffle. Victorieuse de celle qui gît désormais sur le parking, la courageuse enclenche la clé, démarre.

Ce n'est plus Joël qui est en jeu, c'est donc Nicole. L'architecture de sa vie, de ses choix, sa manière de parler, de rire et de marcher, son histoire, son enfance heureuse, l'éducation qu'elle donne à ses fils, loin de tout *ça*. Elle ne se laissera pas balayer comme un vulgaire tas de sable. Elle se jure de tenir, envers et contre les insinuations de sa sœur ou de qui que ce soit d'autre.

En 1998, le mari de Monique décède dans un tragique accident de la route, sa belle-sœur est dans un état terrible, elle vient souvent se réfugier chez eux, à Vannes. Joël lui prescrit des médicaments et lui recommande un psychologue. Nicole tente de la distraire en n'évoquant avec elle que les sujets les plus légers. Mais un soir, Monique l'entraîne au fond du jardin. Déjà en larmes, elle veut lui parler de son frère. Nicole ne peut réprimer un mouvement de recul. Mais quoi donc ? Monique lui raconte alors ce que Joël a fait à Marianne, elle dit qu'il le reconnaît, qu'il a promis de se soigner, et que Nicole est au courant. Est-ce que c'est vrai ? Est-ce qu'il se soigne ?

Monique hoquette. Nicole la considère en silence. La malheureuse lui fait pitié, froidement. Sans réfléchir, elle lui répond que tout va bien, qu'il ne faut pas s'inquiéter, qu'il faut tourner la page. Elle lui déclare que c'est du passé, qu'il faut regarder vers l'avenir, que Monique doit prendre soin d'elle avant tout. Dormir un peu. Elle se force à lui poser une main encourageante sur l'épaule. Oui, ça va aller. Pauvre Monique.

Nicole la ramène vers sa maison, pas loin d'être convaincue d'avoir dit la vérité. Sa sœur et sa belle-sœur ne lui parlent que des années 1980. Entre-temps, elle a discuté avec Joël, elle le sent plus soumis que jamais à son autorité, il est à ses pieds, y compris sur le terrain financier. Alors dans un sens, elle y croit. Et la vision de sa belle-sœur en pleurs ne fait que conforter son refus d'appartenir à ce clan larmoyant des victimes. Pour la calmer, elle voit bien qu'il suffit de la raisonner doucement, elle est si gentille. Son adoration pour son frère reste entière, elle ne lui fera jamais de mal.

Ce n'est pas pareil avec Sandrine. Avec elle, il lui faut rompre définitivement.

L'occasion s'en présente avec l'aggravation de la maladie de son père, en 1999. Il ne peut plus rester seul chez lui. Nicole s'impose dans la discussion avec ses frères et sa sœur : elle le prendra chez elle, c'est la meilleure solution, elle a quand même été « infirmière » pendant des années. Joël sera là en cas de problème. Elle va gérer ses finances, c'est bien normal, vu son état.

Sandrine vient l'aider à aménager sa chambre, dans la maison de Vannes, au rez-de-chaussée. Nicole lui glisse en déployant des draps brodés que tout va beaucoup mieux avec Joël, qu'ils s'entendent à nouveau très bien. À table, elle pose la main sur les épaules de son mari, lui donne du «mon chéri», comme avant. Sandrine repart.

Nicole porte trois fois par jour bouillons, sirops et médicaments à son père alité. Elle lui caresse la joue en passant. Mon pauvre papa. Puis elle se rend à la banque. Il a beaucoup plus qu'elle ne pensait, mais puisqu'il va mourir, à quoi bon laisser dormir tout ça ? Fini la vie d'éternels locataires, c'est l'occasion d'acheter leur maison, d'y ajouter une nouvelle voiture pour le foyer, un scooter pour Sébastien. Elle prétend apparemment que c'est la volonté du grand-père, qu'il faudra lui rembourser mais qu'il veut faire plaisir. Les dépenses excèdent ce dont dispose son père, mais Nicole est sur sa lancée. Peut-être veut-elle qu'il paye. Pas seulement pour se venger de Sandrine et de ses commérages, peut-être aussi pour le reste, pour ce qu'il s'est passé… Nicole ne cherche plus à savoir quoi. Elle dépense. Joël le voit bien puisque ça file largement depuis leur compte commun, mais, comme à son habitude, il ne dit rien. Qu'il paye, lui aussi, pense sans doute Nicole, comme s'il s'agissait d'un pacte tacite, d'une manière de garder les secrets l'un de l'autre sans jamais les nommer.

Les visites à Vannes de Sandrine et Robert, son mari, sont de plus en plus tendues. En leur présence, Nicole est odieuse. Ces séjours épuisent sa sœur chaque fois un peu plus. Trois ans déjà que leur père est chez Nicole, elle ne vient plus que pour lui, le reste l'insupporte. Elle commence aussi à s'interroger sur le train de vie de sa sœur comme de ses neveux. Joël travaille dans le privé, ça se comprend, mais quand même. Sébastien a même une nouvelle mobylette. Quand sa tante lui fait remarquer qu'il est très gâté, le jeune homme lâche soudain qu'il en est très reconnaissant à « papy ».

Comment ça ? demande Sandrine. C'est papy qui t'a payé une moto ?

Elle veut consulter les comptes bancaires de leur père. Nicole ne tente même pas de l'en dissuader. Sa sœur ne va pas être déçue. La majorité des comptes sont vidés, la plupart fermés. Les yeux au ciel, Nicole plaide qu'il n'y avait quasiment rien quand il est arrivé chez elle. Sandrine ne la croit pas. Exige de récupérer leur père chez elle. Elle s'agite comme un taon sur la croupe d'une jument, pense Nicole qui n'en a que faire. Dans les mois qui suivent, elle ne rend pas une seule visite à son père, interdit à ses fils d'y aller. Elle traite encore sa sœur d'hystérique quand celle-ci engage une procédure de mise sous curatelle qui révèle que Nicole est à l'origine du grand lessivage. Cette découverte entraîne un dépôt de plainte au nom de leur père pour détournement de fonds. Nicole et Sandrine coupent définitivement les ponts, ce que Nicole espérait depuis le début. Leur père décède fin 2002 sans que sa fille ne l'ait jamais revu, quelque temps avant le rendu du verdict la concernant. Elle et Joël sont reconnus coupables. Ils sont condamnés à rembourser à Sandrine et aux deux frères de Nicole plus de 30 000 euros.

Nicole s'en fiche. Elle se tourne vers Joël : tu fais comme tu veux, mais c'est toi qui payes.

Elle achète dans la foulée un ordinateur, avec internet et tout ce qui va avec. Ce sera plus pratique pour communiquer avec Alban, qui a quitté la maison. Elle serre les poings. Au quotidien. Maintenir les apparences de son couple, de leur amour comme de leur richesse, rassurer Monique – mais oui, il se soigne –, tout ça lui prend une énergie folle. Les enfants ne sont pas dupes, savent la distance qui sépare leurs parents, mais ne posent aucune question. Nicole leur en est reconnaissante. Joël travaille deux fois plus, accumulant les remplacements dans plusieurs établissements de la région en plus de sa charge à temps plein à la clinique du Sacré-Cœur de Vannes. Souvent, il ne dort pas à la maison, usant des chambres mises à sa disposition lors de ses gardes, Nicole ne sait même pas où. Pourtant ils ne s'entendent pas si mal. Ils se rendent toujours ensemble en banlieue parisienne pour les anniversaires ou les déjeuners organisés par les parents de Joël, parfois aussi chez Monique.

La fermeture du Sacré-Cœur, la clinique où Joël est en poste depuis presque dix ans, est annoncée courant 2003. Une structure plus importante, regroupant trois établissements privés, sera créée à la place et doit pouvoir accueillir l'ensemble des praticiens. Mais Joël ne veut pas y aller. Il dit que les grands ensembles déshumanisés ne sont pas pour lui, qu'il est de la vieille école, qu'il va trouver autre chose. Fais comme tu veux, moi je ne bouge pas d'ici, lance Nicole. C'est l'été, il fait chaud, elle va s'occuper de ses roses.

En septembre, il lui annonce qu'il a trouvé un poste fixe à Quimperlé, dans le public. Nicole ne comprend pas pourquoi il renonce au privé, beaucoup plus lucratif, et dans lequel il a jusqu'ici effectué toute sa carrière. Son mari lui assure que les perspectives y sont très bonnes, que ce sera l'occasion d'être titularisé, et de passer sans doute chef de service. Dans les petits hôpitaux, il y a beaucoup à faire, ajoute-t-il, il aura des primes et constituera une clientèle sur son nom, sans arrêter les remplacements. Nicole l'écoute à peine. Elle découvre Facebook avec Sébastien. C'est incroyable, ce truc. Ils regardent ensemble si Marie-Claire Verneuil est inscrite.

Joël s'installe à Quimperlé en novembre, dans une chambre de l'hôpital, officiellement parce que les allers-retours sont trop longs. Il revient le week-end. Mais il est là – elle ne sait plus pourquoi – le 9 décembre 2004, un jeudi, vers 9 heures du matin, quand elle entend le gravier crisser sous les roues de plusieurs voitures. Du bruit dans l'escalier, des voix en bas, Sébastien entre dans sa chambre sans frapper et, le souffle presque coupé, murmure que des gendarmes sont à la porte. Ils parlent avec son père. Vite. Vite. Elle s'habille. À peine le temps d'être présentable, quelqu'un frappe. Un officier se présente. Gendarmerie de Vannes. Une perquisition est en cours à son domicile, une enquête pour détention et consultation de fichiers pédopornographiques.

— Mais comment ça ?

— Étiez-vous au courant, madame ?

— Mais comment osez-vous ? Bien sûr que non ! Je sais ce que c'est, un pédophile, j'en ai été victime moi-même dans mon enfance, jamais je ne pourrais être complice de quoi que ce soit !

C'est sorti par réflexe. Son autre vérité. Mais le gendarme n'en a visiblement cure.

— Vous avez un ordinateur madame ? Ou tout autre objet connecté ?

— Nous en avons deux, que toute la famille utilise, mais ne les prenez pas, j'ai toutes les photos de mes enfants dessus !

— Nous vous restituerons les biens si nous ne trouvons rien dessus. Vous pouvez patienter en bas. Nous ne devrions pas en avoir pour très longtemps.

Le gendarme jette un coup d'œil dans la chambre. Le lit n'est pas fait, froissé d'un seul côté, elle a honte comme si elle se révélait vieille fille. Sébastien est parti pour son stage, Joël accompagne les gendarmes dans l'inspection de chaque pièce, elle se tient seule dans l'entrée, guettant les voix qu'elle surprend dans une pièce puis dans une autre. Est-ce qu'on va l'arrêter, elle aussi ? Elle a peur, mais les deux gendarmes reviennent rapidement, leurs ordinateurs et quelques disques durs emballés dans des sacs transparents. Ils encadrent Joël.

Nicole reste seule, pétrifiée, sur le seuil de ce qu'elle refuse d'imaginer.

La rage lui serre le ventre. Elle attrape ses clés sur le guéridon de l'entrée, pense qu'au moins ils lui ont laissé sa voiture, ces chiens ! Et s'engage dans l'allée. Puis la route. Roule sans savoir où elle va. Combien de temps ? Impossible à dire. Elle prend la direction de Vannes. La Fnac. Voilà. Un ordinateur. Et tout ce qui va avec. Merci, au revoir. Le coffre rempli, elle rentre chez elle.

Il est là. Quand elle passe la porte, elle le découvre en train de lire, tranquillement installé sur le canapé. Comme si de rien n'était ! Il lui demande comment ça va. Elle était prête à l'étrangler, elle l'aurait fait parce qu'elle s'était déjà vue le faire, mais son air absent, comme à la sortie d'une séance de cinéma, la déstabilise soudain complètement. Il lui demande pardon des proportions que tout cela a pris, rien de grave pourtant, une enquête de routine qui lui tombe dessus, ils n'ont rien, ils l'ont interrogé à peine quelques minutes. Nicole l'écoute. Il ne se bat pas alors à quoi bon attaquer ? Il assure que tout est normal. Elle le regarde attentivement. Elle est soudain prise par le vertige, la remontée nauséeuse du chaos face au « rien » de cet homme qui s'en fiche. L'infinie tristesse. Mais tu sais, Joël, que j'ai connu *ça* enfant ? Que j'ai été victime de *ça* ? C'est la première fois qu'elle le lui dit à lui. Elle le fixe, au bord du vide et des larmes, espérant qu'il la retienne. Qu'il lui déclare qu'elle n'a pas fait sa vie avec le même genre d'homme qui hantait ses nuits quand elle avait 8 ans. Qu'il affirme qu'il n'est pas pareil, qu'il ne fait pas *ça*. Mais il ne la regarde même pas. Il dit qu'« il n'y a rien de grave[1] ».

L'indifférence. De toutes les plaies, la plus brûlante. Nicole ne sent plus que ça. De ses parents, de son mari, de tous. Elle sombre, ne conçoit rien d'autre que le vertige de sa propre inconsistance. Elle se sent niée. Car ce n'est « rien ». Ça ne sert à « rien » de revenir là-dessus. Joël s'est remis à lire. Il attend Sébastien pour lui dire un mot de ce qu'il s'est passé, mais il repartira à Quimperlé dès ce soir. Très bien, dit Nicole, qui remonte dans sa chambre, oubliant l'ordinateur dans le coffre de sa voiture.

---

1. Extrait de l'audition de Nicole Le Scouarnec, gendarmerie de Jonzac, 3 mai 2017, 8 h 20.

Les semaines passent, Joël vit au loin, rentre de moins en moins le week-end, les enfants se portent à merveille sans réclamer leur père. Nicole ne s'inquiète pas. Elle se répète que les garçons ne risquent rien. Joël lui apprend un jour qu'il y aura sans doute un procès mais que, quoi qu'il arrive, si condamnation il y a, son avocat demandera qu'elle ne soit pas inscrite sur son casier afin de permettre sa réussite au concours de médecin titulaire.

Tout se déroule bien à Quimperlé, il sera bientôt promu, elle aura toujours tout ce qu'elle veut.

Dans les années qui suivent, il y a encore parfois des jours noirs, des nuits poisseuses, mais *ça* passe. Elle ne leur donne aucun nom. Ce n'est « rien ». Les crises s'espacent. Elle n'y pense plus. Joël est titularisé, puis, en 2008, il part s'installer à Jonzac, à quatre cents kilomètres de chez elle. Ils ne se voient plus beaucoup mais s'appellent souvent. Leur relation est étrangement paisible. Il lui fait pitié, dans un sens. Si faible. Si tourmenté. Il lui demande ce qu'elle pense de l'actualité comme du moindre de ses mouvements, lui prouvant ainsi chaque jour sa fidélité malgré leur séparation. Celle-ci reste tacite vis-à-vis des autres. Car pourquoi le dire à voix haute ? Officiellement, c'est à cause du travail de Joël. Les gens n'ont pas à savoir le pourquoi du comment, pas même la famille, qui d'ailleurs ne pose pas de questions. Ils continuent de se rendre ensemble aux déjeuners et anniversaires et ça se passe parfaitement bien.

Il n'y a pas à mentir sur grand-chose car, dans le fond, son entente avec Joël n'est pas factice. Ils parlent régulièrement des travaux à conduire dans la maison de Vannes, des fleurs qui poussent ou ne poussent pas, leur compte en banque reste commun. Il y a des dettes en cours mais Joël n'en parle jamais. En ce qui concerne les garçons, Nicole décide de tout et Joël obtempère. Il les croise de temps en temps, il n'est véritablement en contact qu'avec Alban, qui a choisi une profession dans le médical, peut-être pour se rapprocher de son père.

Elle parle même à son mari de sa vie amoureuse sans lui. Elle est libre, il n'y voit rien à redire et lui souhaite d'être heureuse. Il ne demande qu'à y contribuer, y compris financièrement, lui n'a besoin de rien. C'est terrible, mais il reste le principal repère dans la vie de Nicole. Le confort de cette relation est d'autant plus grand que rien ne vient le perturber. Nicole n'entend plus parler d'aucune histoire, encore moins venant de l'hôpital. Elle sait qu'il vit en ermite et ça lui fait plutôt de la peine. Elle est allée le voir, à Jonzac, dans une maison miteuse qu'il loue une bouchée de pain, lui a donné quelques conseils pour le ménage. Ça va aller, mon Joël. Ils se protègent ainsi l'un l'autre, de choses différentes, mais complémentaires.

2010. Le mariage de Jeanne Berléand est annoncé, la fille de leurs si chers amis qu'ils n'ont pas vus depuis trop longtemps, les vendeurs de pianos Mathilde et René. Nicole s'en fait une joie. Ils iront ensemble bien sûr, elle et Joël, comme au bon vieux temps, la bande enfin réunie. Elle s'en réjouit avec son mari qui se montre aussi enthousiaste qu'elle de revoir Jeanne, la fillette qui venait si souvent dormir à la maison quand ils vivaient à Loches.

Nicole reçoit cependant quelques jours plus tard un appel de son mari. Celui-ci lui annonce qu'il ne se rendra pas au mariage, qu'il a eu Mathilde au téléphone, qu'elle était dans tous ses états. Mais qu'est-ce qui lui prend ? s'exclame Nicole. Après un silence, Joël répond : Jeanne refuse sa présence. Elle a parlé avec Théo, le fils des Verneuil, ils se sont monté la tête, ils ont parlé de choses qui datent des années 1980, quand lui n'allait pas bien. Tu sais… Il est désolé, il ne pensait pas avoir fait du mal à Jeanne, il l'avait recroisée depuis, elle n'avait jamais rien dit. Ça doit donc venir de Théo, apparemment Marie-Claire et André sont au courant de quelque chose. Nicole l'arrête : tu veux dire que c'est à cause de ça qu'on ne les a pas vus depuis vingt-cinq ans, qu'ils n'ont jamais daigné retourner mes courriers ou mes appels ? Ça a le mérite d'expliquer ce qu'ils nous ont imposé !

Nicole craint le scandale, vont-ils en parler à d'autres ? Joël la rassure comme il peut. Jeanne, semble-t-il, ne veut d'aucune manière que son mariage soit entaché par cette histoire. Théo vit à l'étranger. Marié et père. Tant mieux. Nicole retrouve ses réflexes de guerrière : si tu n'y vas pas, nous non plus. La déception face à des gens qu'elle estime avoir aimés, nourris et gavés de cadeaux alimente sa rancœur. Qu'ils aillent tous au diable, qu'ils ressassent, peu lui importe, ils ne la méritent pas. Le tissu de leurs souvenirs déformés lui donne la migraine. Pour la dissiper, elle s'empare de son stylo Montblanc, de son papier à lettres, et s'emploie à écrire aux Berléand sur-le-champ.

Mes très chers amis,
Ce qui devait être une fête devient pour moi un cauchemar. C'est la vie ! Et le passé nous rattrape toujours. Je voulais simplement vous dire toute mon amitié sincère et intacte. De vous connaître a été un très grand bonheur tant je retrouvais en vous la générosité et toutes les qualités que je défends farouchement.
Je comprends parfaitement votre décision et je la respecte. (...)
Aucun de mes enfants ne souhaite assister au mariage : il fallait parler il y a vingt ans ou bien se taire à jamais.
Pour vous donner un peu d'explications car je vous en dois, je me suis très longtemps demandé, jusqu'à l'obsession, le pourquoi du silence et de la distance de la part de Marie-Claire, que je considérais comme une amie. Je sais bien que dire la vérité est une épreuve, mais Marie-Claire est quelqu'un de très intelligent et j'aurais tant aimé qu'elle trouve les mots pour le dire. Car l'incompréhension est la pire des sanctions à infliger à quelqu'un et une véritable torture. C'est comme cela que je l'ai ressenti.
Je souhaite à Jeanne et Matthieu tout le bonheur possible et le plus long possible. Je penserai à vous avec tendresse, bien affectueusement à vous tous,
Nicole Le Scouarnec[1].

Nicole fonce à la poste puis revient couper ses roses.

Le ciel redevient clair et sans passé jusqu'en 2012, quand Nicole se rend aux obsèques de la mère de Joël.

1. Extrait de la lettre de Nicole Le Scouarnec adressée à Mathilde et René Berléand, le 20 juillet 2010.

Sébastien semble particulièrement désemparé. Il faut dire qu'enfant, il a toujours partagé beaucoup de temps avec ses grands-parents et que ces dernières années, alors qu'il vit en Bretagne, il leur a rendu visite régulièrement en région parisienne. Elle confie ses inquiétudes à Alban, son aîné : ne trouve-t-il pas Sébastien fragile ces derniers temps ? Est-ce à cause de sa grand-mère ? Ou d'autre chose ? Alban hésite un instant avant de répondre. Ce n'est pas la mort de mamie qui est en cause. C'est au sujet de leur grand-père, Georges. Des choses se sont passées dans le garage, là où Georges aimait bricoler avec ses petits-fils. Sébastien lui a parlé de caresses puis de fellations, entre ses 6 et ses 9 ans, quelque chose comme ça. Il ne veut pas y revenir. Il est perdu, il a peur, il pense que c'est de sa faute, qu'il n'a pas compris que c'était anormal. Il ne veut pas que ça se sache, pas tant que Georges est vivant.

Nicole accuse le coup. Et toi ? demande-t-elle à son fils. Rien de ce genre. Et Stephan ? Alban n'en sait rien, c'est impossible d'en parler avec lui, il est trop renfermé, ils se croisent à peine. Surtout, ne lui dis rien, susurre la mère.

La voiture d'Alban s'éloigne et disparaît bientôt derrière une ligne de bosquets. Avant de partir, il lui a fait jurer de ne pas révéler le secret de Sébastien, qui lui parlera quand il sera prêt. Nicole ressent peut-être la même solitude qu'au départ des gendarmes après leur perquisition surprise au cours de l'hiver 2004. Mais nulle trace de colère ou de rage. Tout cela est derrière elle. Elle n'imagine pas un instant prendre le volant et planter un couteau dans le cœur de Georges. Elle ne réagit pas quand Sébastien lui dit qu'il va rendre visite à son grand-père, désormais veuf. Elle lui demande seulement si ça s'est bien passé.

C'est presque tranquille qu'elle décide d'en parler à Joël. Peut-être même le fait-elle par bienveillance, pour aider à donner une explication à tout *ça*. Joël est comme il est parce que ça vient de son père. C'est presque rassurant, dans un sens. Ce n'est pas vraiment de sa faute. Nicole lui demande donc s'il n'aurait pas été victime lui aussi, enfant ? Son mari lui assure que non. Lui raconte seulement que Georges a peut-être été abusé par un prêtre dans son enfance. Rien de plus. Elle raccroche. Sur sa lancée, Nicole appelle Monique. Celle-ci ne tombe pas plus des nues que son frère, elle ne pleure même pas. Elle n'a jamais rien subi de la part de son père. Mais elle croit Sébastien. Les deux femmes n'évoquent pas de possibles conséquences. Monique en parlera peut-être à ses filles pour vérifier si elles n'ont pas subi des choses similaires, mais rien de plus.

Il n'y a plus chez aucune des deux femmes la moindre trace de rébellion face à l'ordre des choses. Au contraire. Elles en font partie et le défendent désormais ensemble.

Trois ans plus tard, en 2015, la famille peut se réunir autour de Georges pour fêter ses 90 ans. Sans y penser. Il y a Thierry, sa femme et son fils. Monique et ses deux filles, Joël et Nicole, leurs trois garçons. Sébastien est amoureux, Alban tient sa petite fille de quelques mois dans ses bras, Stephan reste solitaire mais semble heureux. À la lueur des bougies trop nombreuses qui recouvrent un gâteau bancal, Nicole sourit. Ils sont tous là. Unis. Solides comme un seul corps. Elle se sent en sécurité. Joël tranche le gâteau avec dextérité. Ses fils plaisantent avec leurs cousines. Monique a l'air en forme. Georges a des miettes au coin de la bouche. Il n'en a plus pour longtemps, mais il partira en paix. Le tableau est si beau aux yeux de Nicole qu'elle en redeviendrait presque croyante, le temps de célébrer puissance et résilience, la capacité à surmonter ses démons pour maintenir les liens les plus précieux.

C'est le bon côté de la vie, celui qu'elle a choisi, envers et contre ses victimes.

Je n'étais rien contre lui

- Comment expliquez-vous votre silence ?
- Mes paroles d'enfant n'auraient pas été entendues compte tenu de la place que Joël Le Scouarnec tenait dans notre famille. Il y a quelques années, j'ai voulu parler. J'ai appris que Joël Le Scouarnec s'était enfermé aux toilettes avec une petite fille de 2 à 3 ans. C'était au cours de la fête d'anniversaire de mes 18 ans. Mais je l'ai su [des années][1] après cet événement ! J'ai alors décidé de contacter un numéro vert en racontant mon histoire et savoir ce que je pouvais en faire. D'une certaine manière, j'étais partie pour déposer plainte, raconter ce qui s'était passé en cherchant une forme de soutien, tout en restant dans l'anonymat. Sauf que la personne que j'ai eue au téléphone m'a dit que

1. Certains passages ont été légèrement aménagés pour faciliter la compréhension.

les faits étaient prescrits. Je n'ai pas cherché à faire d'autres démarches, j'en ai seulement parlé à mon mari à l'époque. [...] Je n'en ai jamais parlé à mes parents, tout simplement. Parce qu'il n'y a jamais eu de confiance entre nous. C'est ainsi. Je n'en ai jamais reparlé avec mon oncle, sauf une fois, quand je suis allée chercher mon grand-père avec ma mère, parce qu'on ne voulait plus qu'il vive chez lui. Je devais avoir 24 ou 25 ans. J'ai récupéré la carte Vitale de mon grand-père, entre les mains de Joël Le Scouarnec. Je lui ai dit qu'un jour, on se retrouverait. Il a baissé la tête et il n'a rien dit.

- Joël Le Scouarnec a-t-il eu une influence sur ce silence?

- Oui, par cette forme d'emprise qu'il avait sur moi, une emprise psychologique mais aussi physique, avec cette façon qu'il avait, en dehors des abus sexuels qu'il commettait sur moi, de poser sa main lourde sur mon épaule. C'était comme une chape de plomb. Il avait tant de reconnaissance de la part de toute la famille... Contre lui, je n'étais rien.

Extrait de l'audition d'Amanda[1],
nièce de Joël Le Scouarnec,
gendarmerie de Jonzac, 4 juillet 2017, 9 h 36.

1. Le prénom a été modifié par l'autrice.

NOTRE DÉFAITE

« Et pour cause, puisque, évidemment je ne l'éprouve pas non plus, ce maudit sentiment de fin heureuse. Parce que ce n'est pas fini. Ni pour moi, ni pour vous, ni pour personne. Et tant qu'un enfant sur terre vivra cela, ce ne sera jamais fini, pour aucun d'entre nous. »

Neige Sinno, *Triste Tigre*

Le procès débute le 13 mars 2020, trois ans après l'arrestation de Joël Le Scouarnec à Jonzac. Ce dernier est accusé d'agressions sexuelles et viols sur quatre femmes, mineures au moment des faits : Audrey et Marianne, les filles de Monique, Ninon, la fillette voisine du chirurgien, grâce à qui tout a commencé, et Caroline, ancienne patiente agressée après une opération il y a vingt-cinq ans. Elsa est convoquée en tant que chef d'enquête. Dans la file d'attente pour pénétrer dans la salle d'audience en ce premier matin, elle reconnaît des visages. Il y a Amanda, fille de Sandrine, la sœur de Nicole. Elle est la « première » victime de son oncle, il l'admet d'ailleurs, mais les faits sont prescrits. Elle a 43 ans. Il y a aussi Charlotte et Sandra. Elles n'ont aucun lien de parenté avec Le Scouarnec mais elles ont été régulièrement hébergées sous son toit quand elles étaient enfants, gardées par Nicole. Elles ont aujourd'hui 37 et 42 ans, elles ont toutes deux été violées avant d'avoir 10 ans, elles s'en souviennent parfaitement et Le Scouarnec a reconnu les faits pendant l'instruction. Malgré cela, la prescription s'est appliquée, elles n'ont pas eu la possibilité de se constituer parties civiles.

Elsa scrute le public massé devant les portes sculptées par le temps de la justice. Il y en a d'autres encore, peut-être une dizaine qu'elle devine à leur mine faire partie des victimes présumées dans le milieu hospitalier. Elsa n'imagine que trop bien leur besoin de comprendre pourquoi il est venu les attaquer, elles et eux aussi. L'instruction reste en cours au tribunal de Lorient, pour établir les faits concernant majoritairement les patients du docteur. Elsa se tient au courant de loin, il semble que plusieurs années seront encore nécessaires pour aboutir à un acte d'accusation définitif.

Très vite, à Saintes, une première sentence tombe : le huis clos est prononcé, à la demande des nièces du chirurgien. Les parents de Ninon s'insurgent, eux qui réclamaient depuis des mois l'audience publique. Ils quittent la salle avec la presse. « L'omerta continue ! » lâche Linda T. en serrant la main de son compagnon Julien sur le perron du tribunal.

Elsa se tient à distance et les écoute tenter encore de faire entendre leur vérité. « Notre fille est le héros de l'histoire, c'est une petite fille de 6 ans qui a réussi à dénoncer le plus grand pédophile de France, la justice n'en a pas été capable, mais elle, elle a réussi », déclare la mère. Julien poursuit : « Ils veulent tenir ce procès en famille, mais la famille de Joël Le Scouarnec, notamment son épouse et sa sœur, n'ont jamais dénoncé les agissements de leur proche, bien qu'informées des faits ! » La justice doit aussi, selon eux, rendre des comptes, elle n'a pas prononcé de mesures d'obligation de soins ou d'interdiction de contact avec des mineurs ; les autorités médicales tout autant, elles qui n'ont pris aucune sanction disciplinaire tout en étant informées de la condamnation du médecin. Linda a les cheveux courts désormais. Elle piétine sa cigarette : « Du côté de l'Ordre des médecins, qui s'est constitué partie civile, ils se renvoient la balle. Il y en a qui ont vu et qui n'ont rien dit. Des collègues avaient pourtant alerté. Comment a-t-il pu être embauché dans d'autres hôpitaux après ça ? » « Nous exigeons des réponses et nous voulons qu'elles soient publiques ! » lance Julien.

Elsa, elle aussi, tremble de colère en sentant ce qui arrive, mais comment leur venir en aide ? Ils veulent en finir avec la surprise, la mascarade, la cruauté du théâtre judiciaire qui fait mine de chercher d'une main ce qu'il masque de l'autre. Mais comment déjouer ce cadre qui écarte tout enjeu ne relevant pas de la responsabilité pénale ? Comment punir ce que la société refuse de dire ?

L'audience reprend brièvement mais, à peine quelques heures après son ouverture, une deuxième sentence tombe. Le procès est ajourné pour cause de pandémie. Le silence du Covid s'abat sur le pays comme un écho terrible aux ombres planant autour de Le Scouarnec. Aux aguets, Elsa attend sa reprise tout en participant à faire rentrer les gens chez eux quand ils ont le malheur de s'attarder plus d'une heure hors de leur domicile. Elle parcourt les rues désertes de Jonzac, les familles repliées sur elles-mêmes, les écoles fermées, les hôpitaux saturés, et les acclamations chaque soir, à 20 heures, pour les soignants. Elle contrôle les droits de passage et de visite, qui peut aller et venir, et les médecins sont de ceux-là. Pas les enfants. Sont-ils pour autant à l'abri ?

30 novembre 2020. On descend à la cave chercher les étoiles de Noël quand s'ouvre à nouveau le procès du chirurgien. Il est prévu pour durer trois jours, comme si cela pouvait suffire pour ressusciter la mémoire de ses crimes ou déballer l'incurie collective de ses cartons.

Nicole s'est fait porter pâle et ne s'est pas présentée, certificat médical à l'appui. Monique, en revanche, a témoigné, et les avocats des associations de protection de l'enfance ont apparemment vraiment tenté de lui faire lâcher sa complicité. Mais de ce qu'Elsa a compris, ils ont été refoulés par la présidente de l'audience. Elle leur a ordonné d'en finir avec « leurs questions policières ». Ce n'était pas le procès de Monique, ni de qui que ce soit d'autre. Joël Le Scouarnec, rien que lui, tout pour lui.

Lui se présente, froid et sans humeur, pendant l'audience. Elsa croise son regard alors qu'elle se tient à la barre, une seconde peut-être, mais suffisamment pour en avoir le souffle coupé. Elle tente de rester calme mais sa voix tremble pour répondre aux questions de la présidente. Elle pensait être prête mais son corps la trahit, ses poumons flétrissent tandis qu'elle parle, ses jambes flanchent. Son rôle est circonscrit à la démonstration des faits. Ninon, Audrey, Marianne et Caroline. Il faudrait oser aller plus loin, donner le contexte, des noms, des explications. Sortir du rang. Mais on ne le lui demande pas et elle n'en a pas le courage. Alors ce sont des larmes qui sortent quand elle en termine enfin, réfugiée dans les toilettes, honteuse.

Depuis la salle des témoins, elle apprend ensuite que le médecin a lâché quelques aveux : le viol de ses deux nièces, dont Audrey, mais pas celui de Ninon. C'est donc toujours lui qui décide, au fond, des contours de sa vérité.

3 décembre 2020. Le verdict tombe. Quinze ans de prison. La qualification du viol a été retenue pour Marianne et Ninon, mais pas pour Audrey qui n'aurait donc subi que des « agressions sexuelles ». Comme si les photos projetées sur grand écran pendant l'audience ou même les aveux de Le Scouarnec ne pouvaient suffire à défaire l'accusation construite en amont. Tout le monde a vu, mais qu'est-ce que ça change ? La jeune femme terrassée à l'âge de 5 ans, rongée de culpabilité pour sa sœur, n'a pas su dénoncer les faits la concernant en temps et en heure. Tant pis pour elle ? C'est donc sa faute ? Elle pourrait même dire merci, à entendre les commentaires de certains : les faits auraient pu être prescrits, comme pour sa cousine Amanda. Ou encore, merci à son oncle, puisque sans les preuves qu'il a lui-même fournies, les photos et ses écrits compulsifs, il n'y aurait tout simplement jamais eu de procès.

Audrey s'est enfuie de la salle en pleurant, sa sœur sur ses talons.

Une heure plus tard, Elsa se tient encore sur le perron du tribunal, un soleil blanc déclinant s'accroche aux boutons dorés de sa veste d'officier, elle fume une cigarette. Elle aurait dû rentrer à Jonzac dans la matinée, mais elle est restée dehors, elle a attendu l'énoncé de la peine, elle a observé chacun quitter la salle, les avocats piaffant de donner leurs interprétations contradictoires à des journalistes affamés par leur récit d'un monde caché.

Son enquête n'a servi à rien. Elle avait les moyens de témoigner et de dire tout ce qu'elle savait du « comment ». Comment cet homme a-t-il pu agir de la sorte ? Personne ne le lui a demandé. Ce n'était pas l'objet de ce procès. Comment imaginer que cela soit celui du suivant ? Il y a des lois, mais pas de justice.

Elle se sent complice, salie, renvoyée dans les limbes de la fatalité d'un crime organisé. Honteuse comme une gamine qui pleure dans les toilettes parce qu'elle n'a pas su se faire entendre et parce que ça continuera. Pour un enfant sur dix. Trois par classe. Parce que tant que nous refuserons de voir ce qui permet à un homme comme Le Scouarnec d'agir comme il l'a fait, ça continuera. Parce qu'il y en a d'autres, tellement d'autres, derrière Joël Le Scouarnec. Et nous passons à côté, encore et encore.

Elsa voudrait que *ça* s'arrête, que l'impunité prenne fin, que cet ordre infâme s'effondre sous le poids des cauchemars qu'il enfante, des silences qu'il cimente, et des violeurs qui s'en réjouissent. Ils violent parce qu'ils le peuvent.

Le Scouarnec est accusé d'avoir agressé des centaines de personnes parce qu'il le pouvait et qu'il se disait seulement « pourquoi pas ».

Elle va démissionner, sa décision est prise. Continuer, ce serait entériner la défaite. Faire semblant de combattre ce que tout autorise. Servir l'omerta au lieu de la détruire.

Elle ne voit pas quoi faire d'autre. Elle ne sait pas encore quel chemin elle prendra pour bâtir un monde sans violence initiée dès l'enfance, pour affirmer un droit irrévocable à être, à vivre, pas seulement à survivre dans l'angoisse de la répétition.

Elle se sent si seule en cet instant mais elle espère, confusément, que d'autres viendront, qu'ils sentiront combien ils sont forts et nombreux, et qu'ensemble, ils s'élèveront.

Contre l'impunité. Là où *ça* commence, là où *ça* passe.

Car la justice ne s'empare que de ce que nous acceptons de regarder en face.

NOTE DE L'ÉDITEUR

Le vendredi 27 septembre 2024, l'ex-chirurgien Joël Le Scouarnec a été renvoyé devant la cour criminelle du Morbihan pour « viols aggravés » et « agressions sexuelles aggravées » sur 299 victimes, sur une période de trente-cinq ans. Il devra plus précisément répondre de 111 faits de viols aggravés et 289 agressions sexuelles aggravées. Il encourt vingt ans de prison. Juridiquement, il demeure présumé innocent.

Son procès devrait se tenir en 2025, à Vannes. Il est prévu pour durer trois à quatre mois. Les victimes, 158 hommes et 141 femmes, ont été pour la plupart identifiées après la découverte dans l'ordinateur de Joël Le Scouarnec de carnets et de fichiers de traitement de texte dans lesquels le chirurgien détaillait des actes d'agression sexuelle et de viol commis sur des patients, très souvent endormis.

Les faits leur ont, pour certains, été révélés lors de leur convocation au commissariat ou à la gendarmerie à la suite de la découverte des carnets du chirurgien dans le cadre de l'enquête sur le viol d'une nièce, d'une petite voisine et d'attouchements sur une autre nièce et sur une patiente.

Au cours de l'enquête préliminaire puis de l'instruction judiciaire, Joël Le Scouarnec, 73 ans en 2024, a reconnu « dans leur globalité » les faits reprochés, explicitant son « mode opératoire », ses « motivations pour ses passages à l'acte » et ses « modes de fonctionnement pour ne pas être découvert », selon le procureur de la République de Lorient, Stéphane Kellenberger.

Joël Le Scouarnec ne fera pas appel de l'ordonnance de mise en accusation, ont indiqué au journal *Sud-Ouest* ses avocats, Maîtres Thibaut Kurzawa et Maxime Tessier, vendredi 11 octobre 2024[1]. « Il est dans une démarche d'assumer ses responsabilités. Il a envie et besoin de répondre aux magistrats, même s'il sait que, quelle que soit son attitude, on la lui reprochera : s'il se tait, on dira qu'il est lâche et s'il parle, on le soupçonnera d'y prendre du plaisir », a détaillé Maître Thibaut Kurzawa.

Si une grande partie des faits ne devrait pas être contestée, de nombreuses questions, notamment sur la personnalité de l'accusé, restent ainsi suspendues à la vérité de l'audience.

Une enquête préliminaire est par ailleurs ouverte par le parquet de Lorient, depuis octobre 2020, « du chef d'abstention volontaire d'empêcher des crimes ou délits contre l'intégrité physique ».

1. Yves Saint-Sernin, « Affaire Le Scouarnec : l'ex-médecin ne fera pas appel de l'ordonnance de mise en accusation », *Sud-Ouest*, 12 octobre 2024.

Deux associations de protection de l'enfance, Face à l'inceste et La Voix de l'enfant, ont chacune déposé plainte contre X pour «mise en danger d'autrui» et «non-obstacle à la commission d'une infraction», en juillet 2022 et février 2023.

En date du 30 octobre 2024, aucun élément n'a été communiqué au public sur les investigations en cours dans le cadre de ces dernières procédures.

REMERCIEMENTS

Mes remerciements s'adressent en premier lieu aux combattants, survivants et militants qui font face, chaque jour, aux tentatives de dénigrement, de disqualification ou de renvoi dans le non-lieu. *On* ne les croit pas encore, *on* refuse de les voir, quel que soit le nombre de lois émises, et c'est la raison d'être de ce livre.

Je rends hommage en particulier au travail de la CIIVISE sous l'égide du juge Édouard Durand pour avoir créé un espace de vie et de reconnaissance aux centaines de milliers de victimes d'incestes et de violences sexuelles. Les témoignages entendus et les préconisations émises dans l'indifférence politique constituent d'ores et déjà le socle de notre réinvention collective.

Je remercie Camille Kouchner, Dorothée Dussy et Neige Sinno, comme toutes les voix qui ont osé porter sur le papier les larmes de l'insurrection.

Je dédie ce livre aux enfants d'hier et d'aujourd'hui, mais plus encore à leurs familles, à leurs médecins, à leurs professeurs et instituteurs, à leurs animateurs de colos ou de centres sportifs, à leurs députés et sénateurs, à leurs ministres et présidents de la République.

Pour qu'ils s'élèvent.

Cette affaire est forcément douloureuse pour ses principaux protagonistes. Si j'ai souhaité l'explorer en profondeur, c'est qu'elle permet de comprendre une histoire qui les dépasse, celle du plus grand nombre. Il n'est pas seulement question d'eux, mais de nous.

La pédocriminalité ne relève pas du domaine privé. C'est un fait social. 160 000 enfants chaque année dans notre pays. 1 Français sur 10. 1 femme sur 5. C'est un ordre qu'il est de notre devoir de dénoncer politiquement, avec toutes les armes possibles, y compris celles de la littérature et de l'imagination.

Pour que *ça* s'arrête.

Je remercie donc mon éditrice, Clarisse Cohen, pour sa ténacité dans la zone grise qui entraîne la nuit vers un nouveau jour.

BIBLIOGRAPHIE

Rapports et textes de référence

Commission indépendante sur l'inceste et les violences sexuelles faites aux enfants (CIIVISE), « Violences sexuelles faites aux enfants : on vous croit », Rapport public, novembre 2023.

Et :

Association Mémoire traumatique et Victimologie/Ipsos, « Violences sexuelles subies dans l'enfance. Enquête auprès des victimes », 2019.

Commission indépendante sur les abus sexuels dans l'Église (CIASE), « Les violences sexuelles dans l'Église catholique. France 1950-2020 », Rapport, 2021.

Cour des Comptes, « L'Ordre des médecins », Rapport publié en décembre 2019.

Durand Édouard, *160 000 enfants : violences sexuelles et déni social*, Paris, Gallimard, coll. « Tracts », nº 54, 2024.

Durand Édouard, Ronai Ernestine (dir.), *Violences sexuelles. En finir avec l'impunité*, Paris, Dunod, 2021.

Face à l'inceste/Ipsos, « Les Français face à l'inceste », Enquête statistique, septembre 2023.

Haut Conseil à l'Égalité (HCE), « Pornocriminalité : mettons fin à l'impunité de l'industrie pornographique », Rapport, 2023.

Mission interministérielle pour la protection des femmes contre les violences et la lutte contre la traite des êtres humains (MIPROF), « Les violences au sein du couple et les violences sexuelles en France 2020 », Lettre n° 17, novembre 2021.

Sénat, « Protéger les mineurs victimes d'infractions sexuelles », Rapport d'information n° 289 (2017-2018), déposé le 7 février 2018.

Service statistique ministériel de la sécurité intérieure (SSMSI)/Insee, « Vécu et ressenti en matière de sécurité. Victimation, délinquance et sentiment d'insécurité », Rapport d'enquête, 2022.

United Nations Children's Fund, « International Classification of Violence against Children », New York, UNICEF, 2023.

Littérature

Angot Christine, *L'Inceste*, Paris, Stock, 1999.

Bescond Andrea, *Une simple histoire de famille*, Paris, Albin Michel, 2023.

Chauveau Sophie, *La Fabrique des pervers*, Paris, Gallimard, 2016.

Devynck Hélène, *Impunité*, Paris, Seuil, 2022.

Ernaux Annie, *Mémoire de fille*, Paris, Gallimard, 2016.

Géraud, Alice, *Sambre : radioscopie d'un fait divers*, Paris, JC Lattès, 2023.

Jablonka Ivan, *Laëtitia ou la fin des hommes*, Paris, Seuil, 2016.

KOUCHNER Camille, *La Familia grande*, Paris, Seuil, 2021.

SINNO Neige, *Triste Tigre*, Paris, POL, 2023.

SPRINGORA Vanessa, *Le Consentement*, Paris, Grasset, 2020.

THOMAS Éva, *Le Viol du silence*, Paris, Aubier, 1986 ; rééd. : Paris, Fabert, 2021.

VIGAN Delphine (de), *Rien ne s'oppose à la nuit*, Paris, JC Lattès, 2011.

Sciences humaines

AMBROISE-RENDU Anne-Claude, *Histoire de la pédophilie, XIXe-XXe siècle*, Paris, Fayard, 2014.

BARDOU H., VACHERON-TRYSTRAM M.-N., CHEREF S., « Le déni en psychiatrie », *Annales médico-psychologiques*, Vol. 164, 2, 2006.

BREY Iris, DROUAR Juliet (dir.), *La Culture de l'Inceste*, Paris, Seuil, 2022.

DUSSY Dorothée, *Le Berceau des dominations : anthropologie de l'inceste*, Paris, Pocket, 2021.

FREUD Sigmund, « La perte de la réalité dans la névrose et dans la psychose » (1924), trad. D. Guérineau, in *Névrose, psychose et perversion*, Paris, Puf, 1973, p. 299-303 ; *OCF.P*, vol. XVII, Paris, Puf, 1992, p. 35-41.

FREUD Sigmund, « Le clivage du moi dans le processus de défense » (1938), trad. R. Lewinter et J.B. Pontalis, in *Résultats, idées, problèmes II*, Paris, Puf, 1995, p. 283-286.

GAULEJAC V. de, HANIQUE F., ROCHE P. (dir.), *La Sociologie clinique : enjeux théoriques et méthodologiques*, Toulouse, Érès, 2007.

JABLONKA Ivan, *Le Troisième continent ou la littérature du réel*, Paris, Seuil, 2024.

LAPLANCHE Jean, PONTALIS Jean-Bertrand, *Vocabulaire de la psychanalyse*, Parsi, Puf, 2007.

MARSICANO Élise, BAJOS Nathalie, POUSSON Jeanna-Eve, « Violences sexuelles durant l'enfance et l'adolescence : des agressions familiales dont on parle peu », *Population & Sociétés*, n° 612, 2023.

PENOT Bernard, *Figures du déni : en deçà du négatif*, Toulouse, Érès, 2003.

PERROT Michelle, *Les Femmes ou Les silences de l'histoire*, Paris, Flammarion, 1998.

ROMANO Hélène, *L'Enfant face au traumatisme*, 2e éd., Paris, Dunod, 2020.

SALMONA Muriel, *Le Livre noir des violences sexuelles*, 3e éd., Paris, Dunod, 2022.

SALMONA Muriel, « Impact des violences sexuelles sur la santé des victimes : la mémoire traumatique à l'œuvre », chap. 19, *in* Tarquinio C. *et al.* (dir.), *Pratique de la psychothérapie EMDR*, Paris, Dunod, 2017, p. 207-218.

SALMONA Muriel, « Comprendre l'emprise pour mieux protéger et prendre en charge les femmes victimes de violences conjugales », chap. 10, *in* R. Coutanceau, M. Salmona (dir.), *Violences conjugales et famille*, Paris, Dunod, 2016.

WINNICOTT Donald, *La Crainte de l'effondrement et autres situations cliniques* (1959), Paris, Gallimard, 2000.

Podcasts

BEDEAU Johanna, « L'inceste », série documentaire en quatre épisodes diffusée dans le podcast *LSD*, France Culture, 2022.

BIENAIMÉ Charlotte, « Inceste et pédocriminalité : la loi du silence », épisode n° 24 du podcast *Un podcast à soi*, diffusé par ARTE Radio, 2020.

GARAPON Antoine, « La pédocriminalité dans la longue histoire », épisode diffusé dans le podcast *Esprit de justice*, France Culture, 2022.

Pudlowski Charlotte, « Ou peut-être une nuit », série documentaire diffusée dans le podcast *Injustices*, Louie Media, 2021.

Tenaglia Adélaïde, « Inceste : quel est le bilan de la CIIVISE ? », épisode diffusé dans le podcast *L'Heure du monde*, podcasts.lemonde.fr, 2023.

Principaux articles et reportages consultés sur l'affaire Le Scouarnec

Aubenas Florence, Dupré Rémi, « "Ce que la tête n'a pas retenu, le corps l'a fait" : dans l'affaire du chirurgien pédophile, le vertige des victimes », *Le Monde*, 27 novembre 2019.

Aubenas Florence, Dupré Rémi, « Les "carnets noirs" de Joël Le Scouarnec, le chirurgien pédophile », *Le Monde*, 3 janvier 2020.

Aubenas Florence, Dupré Rémi, « Affaire du chirurgien pédophile : "Ma fille a brisé un silence, long de plusieurs décennies" », *Le Monde*, 10 février 2020.

Cellule investigation de Radio France, « Affaire Le Scouarnec : enquête sur le silence des hôpitaux », in *Secrets d'info* (podcast), France Inter, 7 mars 2020.

Cherel Laetitia, Stive Margaux, Cellule investigation de Radio France, « Affaire Le Scouarnec : le règne de l'omerta », France Culture, 6 mars 2020.

Chevalier Justine, Bertrand Mélanie, « Affaire Le Scouarnec : les nièces du chirurgien accusé de pédophile assurent que sa femme savait », BFMTV, 14 janvier 2020.

Colcombet Louise, « Affaire Le Scouarnec : la lettre compromettante pour l'épouse du chirurgien», *Le Parisien*, 4 décembre 2020.

COLCOMBET Louise, «Le Scouarnec, “un monstre dans toutes ses perversions” : la nièce du chirurgien pédophile témoigne», *Le Parisien*, 11 février 2021.

COURRET Bénédicte, «Affaire Le Scouarnec : l'ex-chirurgien a reconnu “les viols sur ses nièces” aux assises de Charente-Maritime», France Bleu, 2 décembre 2020.

DUBREUIL Marion, «Affaire Le Scouarnec : “Le plus traumatisant, c'est la teneur de mes écrits, pas la réalité des faits”, assure le pédocriminel», RMC/BFM, 17 avril 2023.

DUPRÉ Rémi, «Pédocriminalité : comment le chirurgien Joël Le Scouarnec est passé entre les mailles du filet», *Le Monde*, 28 novembre 2020.

FOLGOAS Ronan, «Affaire Le Scouarnec : “À mes yeux, Joël n'est pas un monstre”, confie son dernier ami», *Le Parisien*, 30 novembre 2020.

FOURNIER Catherine, «Pédophile assumé, comment le chirurgien Joël Le Scouarnec a-t-il pu passer sous les radars pendant trente ans ?», France Télévisions, 13 mars 2020.

RADENOVIC Plana, «Affaire Le Scouarnec : “Mon frère, c'est Dr Jekyll et Mr Hyde”», *Le Journal du Dimanche*, 23 novembre 2019.

STIVE Margaux, «Affaire Joël Le Scouarnec : “Les enfants parlaient, mais les adultes n'étaient pas prêts à entendre”, confie la nièce du pédocriminel», France Info, 11 février 2021.

STIVE Margaux, CHEREL Laetitia, CELLULE INVESTIGATION DE RADIO FRANCE, «“Il m'a expliqué qu'il n'avait pas l'impression de faire du mal aux enfants” : l'omerta autour du docteur Le Scouarnec», Franceinfo, 7 mars 2020.

TABLE

Vous avez été témoin ou victime de violences sexuelles ?

Composez le 119.

DE LA MÊME AUTRICE

Outreau, un cauchemar français, série documentaire en quatre épisodes coécrits avec Camille Le Pomellec, Oron Adar et Anna Kwak. Produite par Élodie Polo Ackermann et Jean-Paul Geronimi, diffusée sur Netflix depuis le 15 mars 2024.

La Droite forte, année zéro. Enquête sur les courants d'une droite sans chef, Paris, Éditions de La Martinière, 2013.

Les Trois cœurs, avec Alice Butaud, Paris, L'École des loisirs, coll. « Mouche », 2016.

Les Zozos, avec Alice Butaud, Paris, L'École des loisirs, coll. « Mouche », 2015.

Maquette intérieure: Rémi Pépin
Composition et mise en page: Bruno Ringeval
Préparation de copie: Carine Barth
Correction: Élodie Ther
Direction éditoriale: Clarisse Cohen

Cet ouvrage a été achevé d'imprimer sur Roto-Page
par l'Imprimerie Floch à Mayenne
en novembre 2024
pour le compte des Éditions StudioFact

Dépôt légal : janvier 2025
N° d'impression : 105928
Imprimé en France

STUDIOFACT
ÉDITIONS
RACONTER LE RÉEL

DÉJÀ PARUS

- *Le Mystère Jubillar* - Ronan Folgoas
- *Mes lettres de cachets* - Flora Nicol
- *Catwalk* - Nathalie Cros-Coitton avec Caroline Andrieu
- *L'Obstiné* - Raphaël Nedilko avec Catherine Siguret
- *Crayon noir* *Samuel Paty, histoire d'un prof* (roman graphique) - Valérie Igounet et Guy Le Besnerais
- *L'Affaire Madame* - Emmanuelle Anizon
- *Le Grand remplaçant* - Pierre-Stéphane Fort
- *La Dame de la poste* - Catherine Siguret (roman)